W0252385

maraboutchef

soupes

TOUTES LES RECETTES

SOUPES AUX FRUITS DE MER 6

SOUPES À LA VOLAILLE 24

SOUPES À LA VIANDE 42

D'UN COUP D'ŒIL

SOUPES AUX LÉGUMES 72

RECETTES À BASE DE SOUPES DU COMMERCE + BOUILLONS 108

La soupe, un trésor de bienfaits

Pratique et bienfaisante, la soupe existe depuis des temps immémoriaux et n'est à ce jour jamais passée de mode. Elle réchauffe en hiver, rafraîchit en été, et remplit l'estomac sans pour autant le surcharger. Elle est aussi parfaite pour compléter les apports nutritionnels quotidiens en vitamines et minéraux. Des bouillons asiatiques clairs et légers aux ragoûts épais et consistants, les soupes ont tout pour elles : arôme, saveur et texture. En fonction de votre humeur, vous pouvez faire mijoter une soupe aux haricots et au jarret, pocher des fleurs de courgette pour obtenir un consommé parfumé ou agrémenter une brique de soupe du commerce de légumes frais et la servir avec des toasts aux fines herbes. Aussi agréable à préparer qu'à consommer, la soupe offre un moyen facile de déguster un repas complet.

Les petits plus pour agrémenter une soupe

Un accompagnement bien choisi peut littéralement transformer une soupe. Certaines recettes ont un accompagnement traditionnel, comme la soupe à l'oignon qui se sert avec des croûtons au gruyère. D'autres ont besoin d'être épaissies ou agrémentées de raviolis, de vermicelles, de boulettes de viande ou de pâtes. La plupart peuvent être complétées par toutes sortes d'ingrédients, d'une simple pincée de fines herbes hachées à un nombre incalculable de pains : du pain au levain ciabatta, scones... Chaque soupe a son accompagnement de prédilection : fromage frais, crème fraîche, crème aigre ou yaourt, pesto, sauce mexicaine, boulettes de riz, raviolis ou spätzles. Le choix ne dépend que de vous, mais vous devrez quand même veiller à ce que le mets choisi s'harmonise avec le contenu et la saveur de la recette, et qu'il respecte sa tradition culinaire.

Quel bouillon utiliser ?

Dans un monde parfait, toutes les soupes devraient être préparées avec du bouillon maison mais de nos jours, malgré nos bonnes résolutions, nos emplois du temps surchargés nous poussent souvent à nous tourner vers des bouillons prêts à l'emploi. Heureusement, ces derniers ont beaucoup évolué depuis l'ère du bouillon Kub et on trouve aujourd'hui dans le commerce des bouillons en brique ou en conserve parfaits pour préparer toutes sortes de recettes.
Ils conviennent particulièrement bien aux soupes consistantes composées d'ingrédients aux saveurs marquées. Certaines des soupes présentées dans ce livre nécessitent du bouillon maison mais, quelle que soit la recette, ce dernier ne pourra que la rendre meilleure. Vous trouverez à la fin du livre plusieurs recettes de bouillons faciles à préparer, qui rendront vos soupes encore plus délicieuses.

Soupes aux fruits de mer

Soupe asiatique aux crevettes et aux nouilles

Pour 4 personnes

Préparation 10 minutes • Cuisson 25 minutes

750 ml d'eau
750 ml de bouillon de poisson
20 g de tige de citronnelle fraîche grossièrement hachée
4 feuilles fraîches de combava déchirées en morceaux
40 g de gingembre frais émincé
2 petits piments rouges thaïs grossièrement hachés
1 c. à s. de nuoc-mâm
1 kg de crevettes crues de taille moyenne
100 g de nouilles de riz
230 g de pousses de bambou en conserve, rincées et égouttées
100 g de champignons shiitaké frais coupés en tranches épaisses
3 ciboules émincées

1. Versez l'eau et le bouillon dans une grande casserole. Ajoutez la citronnelle, les feuilles de combava, le gingembre, les piments et le nuoc-mâm. Portez à ébullition puis laissez mijoter 10 minutes à découvert.

2. Pendant ce temps, décortiquez les crevettes.

3. Passez le bouillon au chinois au-dessus d'un grand récipient résistant à la chaleur et jetez les résidus solides. Rincez la casserole puis reversez le bouillon dedans et ajoutez les nouilles, les pousses de bambou et les champignons. Laissez mijoter à découvert 20 minutes, jusqu'à ce que les nouilles soient tendres. Ajoutez les crevettes. Laissez mijoter 5 minutes de plus, à découvert, pour que les crevettes soient cuites.

4. Servez la soupe dans des bols, décorée de ciboule.

Par portion *1,3 g de lipides (dont 0,3 g d'acides gras saturés) ; 181 kcal ; 9,6 g de glucides ; 30,4 g de protéines ; 2,3 g de fibres*

Chowder de poisson

Cette soupe est une variante de la chowder, soupe traditionnelle originaire de la côte est de l'Amérique du Nord. Jadis, les pêcheurs partis en mer cuisaient chaque jour une partie de leur prise dans un ragoût épaissi avec de la farine, qu'ils mangeaient avec le pain dont ils disposaient, même complètement rassis. De nos jours, chaque convive émiette dans son bol des crackers ou des biscuits salés croquants.

Pour 4 personnes

Préparation 15 minutes • Cuisson 30 minutes

40 g de beurre
1 gros oignon brun (200 g) grossièrement haché
1 gousse d'ail écrasée
2 tranches de bacon sans couenne (130 g) grossièrement hachées
2 c. à s. de farine
2 pommes de terre moyennes (400 g) grossièrement coupées
750 ml de lait
500 ml de bouillon de légumes
400 g de filet de poisson blanc à chair ferme, grossièrement haché
2 c. à s. de ciboulette fraîche finement hachée

1. Faites fondre le beurre dans une grande casserole puis ajoutez l'oignon, l'ail et le bacon. Faites revenir en remuant jusqu'à ce que l'oignon devienne tendre.

2. Ajoutez la farine, faites revenir 1 minute en remuant puis ajoutez les pommes de terre, le lait et le bouillon. Portez à ébullition. Baissez le feu, couvrez et laissez mijoter 10 minutes.

3. Ajoutez le poisson. Laissez mijoter à découvert 4 minutes pour que le poisson soit cuit. Servez la soupe dans des bols, agrémentée de ciboulette.

Par portion *19,5 g de lipides (dont 11,6 g d'acides gras saturés) ; 433 kcal ; 28,4 g de glucides ; 34,8 g de protéines ; 2,4 g de fibres*

Note *Cette recette peut se faire avec n'importe quel poisson blanc à chair ferme comme la perche, la lotte ou la daurade.*

Velouté de noix de Saint-Jacques au poireau caramélisé

Pour 4 personnes

Préparation 20 minutes + refroidissement • Cuisson 40 minutes

40 g de beurre
4 échalotes (100 g) finement hachées
2 gousses d'ail écrasées
750 ml d'eau
750 ml de bouillon de poisson
60 ml de vin blanc sec
2 pommes de terre moyennes (400 g) grossièrement coupées
1 c. à s. de farine
125 ml de crème
350 g de noix de Saint-Jacques sans corail
1 c. à s. de ciboulette fraîche finement hachée

Poireau caramélisé

20 g de beurre
1 gros poireau (500 g) émincé
1 c. à s. de sucre blanc
60 ml de vin blanc sec

1. Faites fondre la moitié du beurre dans une grande casserole puis faites revenir les échalotes et l'ail en remuant, jusqu'à ce qu'ils soient tendres. Ajoutez l'eau, le bouillon, le vin et les pommes de terre. Portez à ébullition. Baissez le feu et laissez mijoter à découvert 15 minutes, ou jusqu'à ce que les pommes de terre soient juste tendres. Ôtez du feu et laissez refroidir 15 minutes.

2. Pendant ce temps, préparez le poireau caramélisé.

3. Avec le dos d'une petite cuillère, incorporez le reste du beurre à la farine, dans un petit saladier.

4. Mixez la soupe par petites portions, jusqu'à ce qu'elle soit onctueuse. Rincez la casserole, reversez la soupe dedans et ajoutez le mélange de beurre et de farine. Portez à ébullition en remuant puis ôtez du feu. Ajoutez la crème et les noix de Saint-Jacques, couvrez et laissez 3 minutes.

5. Servez le velouté dans des bols, décoré de poireau et de ciboulette.

Poireau caramélisé Faites fondre le beurre dans une casserole de taille moyenne. Ajoutez le poireau et faites cuire en remuant 5 minutes. Ajoutez le sucre et le vin. Faites cuire 15 minutes pour faire caraméliser le poireau.

Par portion *27,3 g de lipides (dont 17,4 g d'acides gras saturés) ; 437 kcal ; 24,2 g de glucides ; 17,3 g de protéines ; 4,1 g de fibres*

Note *Cette recette sera encore meilleure si vous la préparez avec un bouillon de poisson maison (voir page 113).*

Tom yum goong

Très populaires en Thaïlande, les tom yums, ou « bouillons aigres-piquants », sont bien plus que de simples bouillons. La soupe tom yum goong doit son goût unique à l'association d'ingrédients épicés, comme le piment rouge et la pâte de curry, et acides, comme le jus de citron vert et le tamarin.

Pour 4 personnes

Préparation 20 minutes • Cuisson 40 minutes

900 g de grosses crevettes crues
1 c. à s. d'huile d'arachide
1,5 litre d'eau
2 c. à s. de pâte de curry rouge
1 c. à s. de concentré de tamarin
20 g de tige de citronnelle fraîche finement hachée
1 c. à c. de curcuma moulu
2 petits piments rouges thaïs frais grossièrement hachés
5 g de gingembre frais râpé
6 feuilles fraîches de combava ciselées
1 c. à c. de sucre de palme râpé
100 g de champignons shiitaké frais coupés en deux
2 c. à s. de nuoc-mâm
2 c. à s. de jus de citron vert
15 g de feuilles de menthe vietnamienne
15 g de feuilles de coriandre fraîche

1. Décortiquez les crevettes en laissant leur queue et réservez les têtes et les coquilles.

2. Faites chauffer l'huile dans une grande casserole. Ajoutez les têtes et les coquilles des crevettes et faites revenir en remuant 5 minutes, ou jusqu'à ce que les morceaux deviennent orange foncé.

3. Ajoutez 250 ml d'eau et la pâte de curry. Portez à ébullition tout en remuant, puis ajoutez le reste de l'eau. Portez de nouveau à ébullition. Baissez le feu et laissez mijoter 20 minutes à découvert. Passez le bouillon au chinois au-dessus d'un grand saladier résistant à la chaleur et jetez les résidus solides.

4. Rincez la casserole et reversez le bouillon dedans. Ajoutez le tamarin, la citronnelle, le curcuma, les piments rouges, le gingembre, les feuilles de combava et le sucre de palme et portez à ébullition. Faites bouillir 2 minutes en remuant. Ajoutez les champignons. Baissez le feu et faites cuire 3 minutes en remuant. Ajoutez les crevettes. Laissez mijoter à découvert 5 minutes pour que les crevettes soient cuites. Ôtez du feu et ajoutez le nuoc-mâm et le jus de citron vert.

5. Versez dans des bols et saupoudrez de feuilles de menthe vietnamienne et de coriandre.

Par portion *9 g de lipides (dont 1,3 g d'acides gras saturés) ; 203 kcal ; 3,9 g de glucides ; 25,2 g de protéines ; 2,3 g de fibres*

Note *La tige de la citronnelle se coupe en commençant par son extrémité blanche et en remontant jusqu'à la base de sa partie verte (comme la ciboule). Ses fibres résistant bien à la cuisson, il est conseillé d'en jeter l'extrémité verte et d'en couper la partie blanche en tranches très fines pour éviter d'obtenir une soupe trop fibreuse.*

Laksa au crabe

Pour 4 personnes

Préparation 40 minutes + trempage • Cuisson 30 minutes

2 crabes entiers crus (1,5 kg)
2 c. à s. d'huile d'arachide
3 grands piments rouges frais finement hachés
2 gousses d'ail écrasées
10 g de gingembre frais râpé
125 ml de bouillon de poisson
180 g de pâte laksa
800 ml de lait de coco
1 litre de bouillon de poulet
3 feuilles fraîches de combava ciselées
1 grand piment rouge frais supplémentaire
1 c. à s. de jus de citron vert
1 c. à s. de nuoc-mâm
1 c. à s. de sucre de palme râpé
250 g de nouilles de riz
3 ciboules émincées
240 g de germes de soja
30 g de feuilles de coriandre fraîche

1. Laissez reposer les crabes 1 heure dans un grand saladier rempli d'eau et de glace, puis faites sauter leur carapace, ôtez leurs branchies, leur foie et leur cerveau (blancs), et cassez leurs pinces avec le dos d'un couteau. Rincez puis coupez chaque crabe en quatre avec un couperet ou un grand couteau.

2. Faites chauffer l'huile dans un wok puis faites sauter 3 piments, l'ail et le gingembre jusqu'à ce qu'ils soient bien odorants. Ajoutez le crabe et le bouillon de poisson. Portez à ébullition puis couvrez et laissez mijoter 20 minutes, jusqu'à ce que le crabe change de couleur. Jetez le jus qui se trouve dans le wok.

3. Pendant ce temps, faites revenir la pâte laksa dans une grande casserole, en remuant, jusqu'à ce qu'elle soit bien odorante. Incorporez le lait de coco, le bouillon de poulet, les feuilles de combava et le dernier piment puis portez à ébullition. Baissez le feu, couvrez et laissez mijoter 20 minutes. Incorporez le jus de citron vert, le nuoc-mâm et le sucre de palme.

4. Pendant la cuisson, mettez les nouilles dans un grand récipient résistant à la chaleur et couvrez-les d'eau bouillante. Laissez tremper jusqu'à ce qu'elles soient tendres puis égouttez-les.

5. Répartissez les nouilles et le crabe dans des bols. Ajoutez le laksa et saupoudrez de ciboule, de germes de soja et de coriandre.

Par portion *68,2 g de lipides (dont 40 g d'acides gras saturés) ; 978 kcal ; 31,6 g de glucides ; 55,9 g de protéines ; 10,8 g de fibres*

Moules au lait de coco épicé

Pour 4 personnes

Préparation 15 minutes • Cuisson 30 minutes

1 kg de moules de taille moyenne
250 ml d'eau
750 ml de bouillon de poisson
50 g de gingembre frais émincé
2 petits piments rouges thaïs émincés
4 gousses d'ail émincées
3 feuilles de curry séchées
4 échalotes (100 g) émincées
1 c. à s. de nuoc-mâm
1 c. à c. de zeste de citron finement râpé
2 c. à c. de jus de citron
125 ml de lait de coco
60 g de feuilles de coriandre fraîche

1. Grattez les moules et ôtez leur barbe.

2. Versez l'eau et le bouillon dans une grande casserole puis ajoutez le gingembre, les piments, l'ail, les feuilles de curry, les échalotes, le nuoc-mâm, le zeste de citron, le jus de citron et le lait. Portez à ébullition, couvrez puis laissez mijoter 20 minutes.

3. Ajoutez les moules. Couvrez et laissez mijoter 5 minutes de plus ou jusqu'à ce que les moules soient ouvertes (jetez celles qui restent fermées).

4. Servez la soupe dans des bols, parsemée de feuilles de coriandre.

Par portion *8 g de lipides (dont 6,2 g d'acides gras saturés) ; 140 kcal ; 6,7 g de glucides ; 9,7 g de protéines ; 1,7 g de fibres*

Bisque au crabe et à la tomate

Pour 4 personnes

Préparation 1 heure • Cuisson 1 h 20

4 crabes bleus crus de taille moyenne (1,3 kg)
60 g de beurre
1 oignon brun moyen (150 g) grossièrement haché
1 carotte moyenne (120 g) coupée en tronçons
1 poireau moyen (350 g) coupé en tronçons
2 gousses d'ail écrasées
1 c. à s. de concentré de tomate
2 c. à s. de cognac
250 ml de vin blanc sec
1,25 litre de bouillon de poisson
1 feuille de laurier
2 brins de thym frais
2 tomates moyennes (300 g) finement hachées
20 g de beurre supplémentaires
1 c. à s. de farine
125 ml de crème

1. Glissez la lame d'un couteau sous la carapace d'un crabe et faites levier pour la faire sauter. Jetez les branchies, rincez le crabe sous l'eau froide puis coupez-le en quatre avec un grand couteau. Répétez l'opération pour les autres crabes.

2. Faites fondre le beurre dans une grande casserole. Ajoutez l'oignon, la carotte, le poireau et l'ail et faites revenir en remuant jusqu'à ce qu'ils soient tendres. Faites cuire les morceaux de crabe jusqu'à ce qu'ils changent de couleur et réservez-les.

3. Mettez le concentré de tomate dans la casserole et faites cuire 2 minutes en remuant. Remettez les crabes dans la casserole, ajoutez le cognac et continuez à remuer jusqu'à évaporation de l'alcool.

4. Ajoutez le vin, le bouillon, le laurier, le thym et les tomates. Portez à ébullition puis laissez mijoter 45 minutes sans couvrir.

5. Pendant ce temps, avec le dos d'une cuillère à café, incorporez dans un petit saladier les 20 g de beurre supplémentaires à la farine.

6. Passez la soupe au chinois au-dessus d'un grand récipient résistant à la chaleur. Prélevez le plus de chair possible sur les crabes et ajoutez-la à la soupe. Jetez les carapaces, les pinces et les autres parties solides des crabes.

7. Rincez la casserole, reversez la soupe dedans puis portez à ébullition. Incorporez le mélange de farine et de beurre, la crème, puis faites cuire en remuant jusqu'à ce que la soupe commence à épaissir.

Par portion *32 g de lipides (dont 20,1 g d'acides gras saturés) ; 515 kcal ; 13,1 g de glucides ; 27,1 g de protéines ; 4,4 g de fibres*

Note *Cette recette sera encore meilleure si vous la préparez avec un bouillon de poisson maison (voir page 113).*

Soupe de poisson méditerranéenne

Pour 4 personnes

Préparation 25 minutes • Cuisson 30 minutes

1 c. à s. d'huile d'olive
1 gousse d'ail écrasée
1 petit poireau (200 g) coupé en deux puis émincé
1 petit poivron rouge (150 g) coupé en dés de 1 cm de côté
1 petit oignon rouge (100 g) coupé en deux puis émincé
1 branche de céleri parée (100 g) coupée en tronçons de 1 cm
1 petite carotte (70 g) coupée en tronçons de 1 cm
½ c. à c. de zeste d'orange finement râpé
¼ de c. à c. de flocons de piment séché
2 c. à s. de concentré de tomate
500 ml d'eau
750 ml de bouillon de poisson
60 ml de vin blanc sec
2 grosses tomates allongées (180 g) grossièrement hachées
200 g de petites crevettes crues
200 g de filet de perche sans la peau, grossièrement coupé
200 g de filet de truite sans la peau, grossièrement coupé
¼ de c. à c. de thym frais ciselé
1 c. à c. d'aneth frais ciselé

1. Faites chauffer l'huile d'olive dans une grande casserole. Ajoutez l'ail, le poireau, le poivron, l'oignon, le céleri, la carotte, le zeste d'orange et les flocons de piment. Faites revenir en remuant, jusqu'à ce que les légumes soient tendres.

2. Ajoutez le concentré de tomate, l'eau, le bouillon, le vin et les tomates. Portez à ébullition puis laissez mijoter 20 minutes à découvert.

3. Pendant ce temps, décortiquez les crevettes et coupez-les grossièrement. Ajoutez les crevettes, le poisson, le thym et la moitié de l'aneth à la soupe. Laissez mijoter à découvert 3 minutes, jusqu'à ce que les crevettes et le poisson soient cuits.

4. Servez la soupe dans des bols, saupoudrée avec le reste de l'aneth.

Par portion *7,7 g de lipides (dont 1,4 g d'acides gras saturés) ; 234 kcal ; 8,5 g de glucides ; 28,3 g de protéines ; 3,7 g de fibres*

1

Bouillon de saumon thaï et boulettes de riz gluant au sésame

Pour 4 personnes

Préparation 20 minutes + trempage • Cuisson 30 minutes

500 ml d'eau
750 ml de bouillon de poisson
3 tiges de citronnelle (60 g) écrasées
3 feuilles de combava déchirées en morceaux
1 long piment rouge frais émincé
10 g de gingembre frais râpé
440 g de filet de saumon sans la peau
1 c. à s. de nuoc-mâm
2 c. à s. de jus de citron vert
150 g de haricots mange-tout coupés en deux
230 g de pousses de bambou en conserve, rincées, égouttées et coupées en tranches
3 ciboules émincées

Boulettes de riz gluant au sésame
200 g de riz gluant
1 c. à s. de graines de sésame noir grillées
1 ½ c. à s. de vinaigre de riz

1. Faites tremper le riz dans de l'eau pendant toute une nuit.

2. Préparez les boulettes de riz gluant au sésame.

3. Versez l'eau et le bouillon dans une grande casserole avec la citronnelle, les feuilles de combava, le piment et le gingembre. Portez à ébullition puis laissez mijoter 10 minutes à découvert.

4. Ajoutez le poisson. Laissez mijoter 10 minutes jusqu'à ce que le poisson soit cuit, puis transférez ce dernier dans un saladier et émiettez-le avec une fourchette.

5. Ajoutez à la soupe le nuoc-mâm, le jus de citron vert, les haricots mange-tout et les pousses de bambou puis laissez mijoter à découvert 2 minutes, jusqu'à ce que les haricots soient juste tendres. Jetez la citronnelle.

6. Répartissez le poisson et les boulettes de riz dans des bols puis arrosez avec la soupe et décorez de ciboules.

Boulettes de riz gluant au sésame Égouttez le riz. Rincez-le à l'eau froide, égouttez-le de nouveau et mettez-le dans un panier de cuisson vapeur tapissé de mousseline. Placez le panier sur une casserole d'eau bouillante, couvrez et faites cuire à la vapeur 20 minutes. Dans un saladier, mélangez le riz, les graines de sésame et le vinaigre. Formez des boulettes de riz d'une valeur de 2 cuillerées à soupe. Aplatissez-les légèrement et posez-les sur un plateau. Couvrez d'un torchon humide et réservez jusqu'au moment de servir.

Par portion *10,3 g de lipides (dont 2,2 g d'acides gras saturés) ; 176 kcal ; 44,7 g de glucides ; 30,4 g de protéines ; 2,9 g de fibres*

Note *Cette recette sera encore meilleure si vous la préparez avec un bouillon de poisson maison (voir page 113).*

Soupes à la volaille

Soupe au canard et aux champignons

Pour 6 personnes

Préparation 10 minutes + trempage des champignons
Cuisson 30 minutes

20 g de champignons shiitaké séchés
15 g de champignons noirs séchés
1 canard rôti à la chinoise de 1 kg
1 litre d'eau
1 litre de bouillon de poulet
100 g de champignons crimini émincés
2 c. à c. de sucre de palme râpé
1 c. à s. de sauce soja aux champignons
230 g de pousses de bambou en conserve, rincées et égouttées
1 c. à s. de Maïzena
1 c. à s. d'eau
4 ciboules émincées

1. Faites tremper les champignons séchés dans de l'eau pendant 1 heure, puis égouttez-les et coupez-les en tranches fines.

2. Pendant ce temps, désossez le canard, réservez sa peau et coupez sa chair en tranches fines.

3. Préchauffez le gril du four.

4. Versez l'eau et le bouillon dans une grande casserole et portez à ébullition. Ajoutez le canard, les champignons, le sucre de palme, la sauce soja et les pousses de bambou, et portez de nouveau à ébullition.

5. Étalez la peau de canard sur la plaque du four et passez-la sous le gril 5 minutes pour qu'elle soit croustillante. Jetez le surplus de graisse et coupez la peau en lanières.

6. Pendant la cuisson, ajoutez la Maïzena diluée dans 1 cuillerée à soupe d'eau à la soupe et remuez jusqu'à ce que le mélange épaississe légèrement. Servez la soupe dans des bols, décorée de lanières de peau de canard et de ciboule.

Par portion *22,4 g de lipides (dont 6,8 g d'acides gras saturés) ; 298 kcal ; 4,7 g de glucides ; 19,5 g de protéines ; 1,1 g de fibres*

Soupe de poulet aux risonis et boulettes de viande persillées

Les risonis sont des petites pâtes italiennes en forme de grains de riz très utilisées dans les potages, qui peuvent également être cuites à la casserole et servies en accompagnement d'un plat de viande.

Pour 4 personnes

Préparation 30 minutes + réfrigération • Cuisson 2 h 45

2,5 litres d'eau
1 poulet entier de 1,6 kg
1 grosse tomate (220 g) coupée en deux
2 branches de céleri parées (200 g) coupées en deux
1 oignon brun moyen (150 g) coupé en deux
2 tiges de persil plat frais
5 grains de poivre noir
300 g de poulet haché
50 g de chapelure
2 c. à s. de feuilles de persil plat finement hachées
2 c. à s. de parmesan finement râpé
1 œuf
1 c. à s. d'huile d'olive
165 g de risonis
2 c. à s. de jus de citron
15 g de feuilles de persil plat grossièrement hachées

1. Versez l'eau dans une grande casserole puis ajoutez le poulet entier, la tomate, le céleri, l'oignon, les tiges de persil et les grains de poivre. Portez à ébullition, couvrez et laissez mijoter 2 heures.

2. Ôtez le poulet de la casserole. Passez le bouillon au chinois au-dessus d'un grand récipient résistant à la chaleur et jetez les résidus solides. Laissez refroidir le bouillon puis placez-le au réfrigérateur pour la nuit. Une fois le poulet froid, jetez sa peau et ses os et détaillez sa chair en gros lambeaux. Couvrez et placez au réfrigérateur pour la nuit.

3. Dans un saladier, mélangez le poulet haché, la chapelure, les feuilles de persil finement hachées, le parmesan et l'œuf puis formez des boulettes en vous servant de 2 cuillères à café. Faites chauffer l'huile d'olive dans une casserole de taille moyenne et faites revenir les boulettes jusqu'à ce qu'elles soient dorées de chaque côté.

4. Dégraissez le bouillon puis versez-le dans une grande casserole. Portez à ébullition et laissez mijoter 20 minutes à découvert. Ajoutez les boulettes de poulet et les pâtes. Faites mijoter à découvert 10 minutes. Ajoutez le jus de citron, le persil grossièrement haché et un peu de poulet cuit (conservez le reste pour une autre recette). Réchauffez à feu moyen sans cesser de remuer.

Par portion *45,8 g de lipides (dont 3,7 g d'acides gras saturés) ; 846 kcal ; 40,4 g de glucides ; 66,3 g de protéines ; 4,3 g de fibres*

Soupe de canard aux lentilles

Pour 6 personnes

Préparation 45 minutes • Cuisson 3 heures

1 canard entier de 1,8 kg
1,5 litre d'eau
1 litre de bouillon de poulet
2 c. à c. d'huile d'olive
6 tranches de pancetta (60 g) finement hachées
2 carottes moyennes (240 g) coupées en dés de 1 cm de côté
2 branches de céleri parées (200 g) coupées en dés de 1 cm de côté
1 poireau moyen (350 g) émincé
2 c. à c. de graines de moutarde noire
150 g de lentilles vertes

1. Préchauffez le four à 200 °C, ou à 180 °C pour un four à chaleur tournante.

2. Lavez le canard à l'eau froide puis essuyez-le à l'extérieur comme à l'intérieur avec du papier absorbant.

3. Repliez les ailes sous son corps puis disposez le canard sur le dos, sur une grille posée sur une plaque allant au four. Percez la peau du canard à plusieurs reprises avec une fourchette puis faites rôtir 1 h 30, jusqu'à ce que le canard soit cuit à point. Laissez refroidir puis jetez la peau et détaillez la chair en lambeaux. Coupez les os en gros morceaux.

4. Placez les os dans une grande casserole. Arrosez avec l'eau et le bouillon puis portez à ébullition. Baissez le feu et faites mijoter 35 minutes à découvert, en dégraissant régulièrement le bouillon. Passez le bouillon au chinois au-dessus d'un grand récipient résistant à la chaleur et jetez les résidus solides.

5. Rincez la casserole. Faites chauffer l'huile d'olive dedans puis ajoutez la pancetta, les carottes, le céleri et le poireau et faites revenir en remuant 5 minutes. Ajoutez les graines de moutarde et les lentilles puis faites revenir 2 minutes en remuant. Ajoutez le bouillon et le canard. Portez à ébullition puis faites mijoter à découvert 25 minutes jusqu'à ce que les lentilles soient cuites.

Par portion *60,3 g de lipides (dont 18,1 g d'acides gras saturés) ; 732 kcal ; 14,6 g de glucides ; 31,5 g de protéines ; 6,2 g de fibres*

Note *Les lentilles vertes ont l'avantage de rester fermes à la cuisson et n'ont pas besoin de trempage préalable.*

Soupe de poulet à la noix de coco et au combava

En Asie du Sud-Est, les feuilles de combava s'emploient comme les feuilles de laurier ou de curry. En forme de sablier, elles sont composées de deux feuilles vert foncé reliées par une extrémité et s'achètent fraîches, séchées ou surgelées. En Europe, on les trouve dans de nombreuses épiceries asiatiques et grandes surfaces. Vous pouvez les remplacer par des feuilles de citronnier mais ces dernières sont moins acides.

Pour 4 personnes

Préparation 15 minutes • Cuisson 45 minutes

1 c. à s. d'huile d'arachide
600 g de blancs de poulet coupés en lanières de 1 cm de large
75 g de pâte de curry verte
1 litre de bouillon de poulet
800 ml de lait de coco
1 long piment vert finement haché
8 feuilles de combava ciselées
125 g de vermicelles de riz
2 c. à s. de sucre de palme râpé
2 c. à s. de jus de citron vert
2 c. à s. de nuoc-mâm
80 g de germes de soja
30 g de feuilles de menthe vietnamienne
1 long piment vert émincé
2 citrons verts coupés en quartiers

1. Faites chauffer l'huile dans une grande casserole puis faites dorer les morceaux de poulet. Réservez-les.

2. Faites revenir la pâte de curry en remuant, jusqu'à ce qu'elle soit bien odorante. Remettez le poulet dans la casserole puis ajoutez le bouillon, le lait de coco, le piment haché et les feuilles de combava. Portez à ébullition puis laissez mijoter à découvert 30 minutes, en dégraissant régulièrement le bouillon. Ajoutez les vermicelles et faites cuire à découvert jusqu'à ce qu'ils soient juste tendres. Incorporez le sucre de palme, le jus de citron vert et le nuoc-mâm.

3. Versez dans des bols et décorez avec les germes de soja, la menthe vietnamienne, les tranches de piment vert et les quartiers de citron vert.

Par portion *63,9 g de lipides (dont 41,6 g d'acides gras saturés) ; 832 kcal ; 25 g de glucides ; 38 g de protéines ; 6,8 g de fibres*

Tom ka gai

Le tom (bouillon) ka (galanga) gai (poulet) est une soupe thaïlandaise très populaire au goût plus doux que le tom yum goong (voir page 12), beaucoup plus épicé, grâce à l'adjonction de lait de coco.

Pour 4 personnes

Préparation 15 minutes • Cuisson 35 minutes

1 litre de bouillon de poulet
20 g de galanga émincé
2 tiges de citronnelle (40 g) coupées en deux
2 feuilles fraîches de combava
2 c. à c. de racines et de tiges de coriandre grossièrement hachées
500 g de blanc de poulet émincé
200 g de volvaires en conserve, rincées et égouttées
250 ml de lait de coco
1 c. à s. de jus de citron vert
1 c. à s. de nuoc-mâm
1 c. à c. de sucre de palme râpé
15 g de feuilles de coriandre fraîche
2 petits piments rouges thaïs émincés
2 feuilles fraîches de combava ciselées
1 tige de citronnelle (20 g) émincée

1. Dans une grande casserole, mélangez le bouillon, le galanga, les tronçons de citronnelle, les feuilles de combava entières et les racines et les tiges de coriandre. Portez à ébullition, couvrez et laissez mijoter 5 minutes. Laissez refroidir 10 minutes hors du feu. Passez le bouillon au chinois au-dessus d'un grand récipient résistant à la chaleur et jetez les résidus solides.

2. Rincez la casserole, reversez le bouillon dedans puis ajoutez le poulet et les champignons. Portez à ébullition puis laissez mijoter 5 minutes à découvert jusqu'à ce que le poulet soit bien cuit. Ajoutez le lait de coco, le jus de citron vert, le nuoc-mâm et le sucre de palme puis faites cuire en remuant jusqu'à ce que le mélange soit chaud, sans le laisser bouillir. Ôtez du feu. Ajoutez les feuilles de coriandre, les piments, les feuilles de combava ciselées et les rondelles de citronnelle.

Par portion *21,1 g de lipides (dont 14,6 g d'acides gras saturés) ; 348 kcal ; 5,6 g de glucides ; 28,9 g de protéines ; 2,5 g de fibres*

Note *Le lait de coco se conserve jusqu'à 1 semaine au réfrigérateur, mais mieux vaut éviter de le congeler car cela augmente les risques de le voir tourner lors de la cuisson. Les canettes de lait de coco sucré ne conviennent pas à la cuisine thaïlandaise.*

Soupe de poulet au citron et au riz

Cette soupe est une variante de la soupe grecque avgolemono (aux œufs et au citron), dont chaque famille grecque a sa propre recette. La sauce avgolemono ajoutée en fin de cuisson donne toute sa saveur à la recette.

Pour 4 personnes

Préparation 10 minutes • Cuisson 35 minutes

2 c. à c. d'huile d'olive
1 petit oignon brun (80 g) finement haché
1 litre de bouillon de poulet
400 g de blancs de poulet grossièrement hachés
65 g de riz blanc rond
2 œufs
80 ml de jus de citron
2 c. à s. de feuilles de persil plat finement hachées

1. Faites chauffer l'huile d'olive dans une grande casserole, puis faites revenir l'oignon en remuant, jusqu'à ce qu'il soit tendre. Ajoutez le bouillon, le poulet et le riz. Portez à ébullition, couvrez et laissez mijoter 20 minutes.

2. Dans un saladier, battez les œufs et le jus de citron jusqu'à obtention d'un mélange homogène. Délayez progressivement avec 150 ml de soupe chaude puis versez le mélange obtenu dans la soupe.

3. Servez la soupe dans des bols, parsemée de persil.

Par portion *8,4 g de lipides (dont 2,3 g d'acides gras saturés) ; 263 kcal ; 16,3 g de glucides ; 30,3 g de protéines ; 0,5 g de fibres*

Note *Cette recette sera encore meilleure si vous la préparez avec un bouillon maison (voir page 112). Les riz ronds blancs, comme le riz arborio, sont parfaits pour ce type de recette car ils contiennent beaucoup d'amidon, qui donne à la soupe une texture particulièrement crémeuse.*

Gumbo de poulet, chorizo et gombo

Le terme « gumbo » est un nom africain désignant toutes les soupes cajun épaissies avec un roux (mélange de farine et de beurre), qui contiennent généralement du riz et de la saucisse. Le gombo est un légume vert qui contient une substance gélatineuse très utile pour épaissir les ragoûts et les soupes.

Pour 8 personnes

Préparation 30 minutes • Cuisson 2 h 45

3 litres d'eau
1 poulet entier de 1,5 kg
2 carottes moyennes (240 g) coupées en tronçons
2 branches de céleri parées (200 g) grossièrement hachées
1 oignon brun moyen (150 g) grossièrement haché
12 grains de poivre noir
1 feuille de laurier
60 g de beurre
1 petit oignon brun (80 g) finement haché
2 gousses d'ail écrasées
1 poivron rouge moyen (200 g) finement haché
2 c. à c. d'origan séché
1 c. à c. de paprika doux
¼ de c. à c. de poivre de Cayenne
¼ de c. à c. d'ail moulu
35 g de farine
70 g de concentré de tomate
400 g de tomates concassées en conserve
100 g de gombos frais coupés en deux en diagonale
200 g de riz calrose
170 g de chorizo coupé en tranches fines

1. Versez l'eau dans une grande casserole. Ajoutez le poulet, les carottes, le céleri, le gros oignon, le poivre et le laurier. Portez à ébullition, couvrez et laissez mijoter 1 h 30.

2. Ôtez le poulet de la casserole. Passez le bouillon au chinois au-dessus d'un grand récipient résistant à la chaleur et jetez les résidus solides. Laissez refroidir le poulet, ôtez puis jetez sa peau et ses os, détaillez sa chair en gros lambeaux. Faites fondre le beurre dans une grande casserole. Ajoutez le petit oignon et l'ail puis faites revenir en remuant. Ajoutez le poivron, l'origan et les épices. Faites chauffer en remuant jusqu'à ce que le mélange soit bien odorant. Incorporez la farine et le concentré de tomate. Faites cuire en remuant 1 minute, puis ajoutez le bouillon et les tomates ainsi que leur jus. Portez à ébullition sans cesser de remuer. Ajoutez les gombos et le riz puis faites mijoter 15 minutes à découvert, en remuant de temps en temps.

3. Pendant ce temps, dans une poêle huilée, faites dorer le chorizo, égouttez-le puis ajoutez-le à la soupe, avec le poulet. Continuez à remuer sur feu moyen jusqu'à ce que la soupe soit chaude.

Par portion *26,8 g de lipides (dont 5,7 g d'acides gras saturés) ; 481 kcal ; 30,5 g de glucides ; 27,8 g de protéines ; 3,9 g de fibres*

Note *Vous pouvez préparer cette soupe la veille de sa dégustation, ses saveurs s'intensifieront et elle n'en sera que meilleure. Suivez la recette jusqu'à la fin de l'étape 2 puis laissez refroidir, couvrez et conservez au réfrigérateur.*

Raviolis cantonais au poulet

Pour 4 personnes

Préparation 25 minutes + trempage • Cuisson 30 minutes

10 champignons shiitaké séchés
125 ml d'eau froide
2 c. à c. d'huile d'arachide
2 gousses d'ail écrasées
10 g de gingembre frais râpé
1 litre d'eau
1 litre de bouillon de poulet
2 c. à c. de sauce soja foncée
200 g de mini-épis de maïs coupés en deux dans la longueur
150 g de germes de soja
3 ciboules émincées

Raviolis au poulet
1 c. à c. d'huile d'olive
2 ciboules émincées
15 g de gingembre frais finement haché
1 long piment rouge frais finement haché
300 g de poulet haché
2 c. à c. de sauce soja foncée
40 carrés de won ton

1. Faites tremper les champignons 15 minutes dans 125 ml d'eau froide, puis égouttez-les en réservant l'eau et coupez-les en tranches fines.

2. Pendant ce temps, préparez les raviolis au poulet.

3. Faites chauffer l'huile dans une grande casserole puis faites revenir l'ail et le gingembre, en remuant, pendant 2 minutes. Ajoutez l'eau, le bouillon, la sauce soja et l'eau de trempage des champignons. Portez à ébullition puis laissez mijoter 15 minutes à découvert.

4. Ajoutez les champignons, les raviolis et le maïs. Portez à ébullition puis laissez mijoter 10 minutes, jusqu'à ce que les raviolis soient bien cuits.

5. Servez la soupe dans des bols, décorée de germes de soja et de ciboule.

Raviolis au poulet Faites chauffer l'huile d'olive dans une poêle moyenne. Ajoutez les ciboules, le gingembre et le piment rouge. Faites revenir en remuant, jusqu'à ce que la ciboule soit tendre. Ajoutez le poulet haché et faites cuire jusqu'à ce que la viande brunisse. Incorporez la sauce soja puis laissez refroidir. Déposez 1 cuillerée à café de la préparation au centre de chaque morceau de feuille de won ton. Mouillez les bords des carrés avec de l'eau puis pincez-les pour former des raviolis. Utilisez la moitié des raviolis pour cette recette et congelez les autres pour un usage ultérieur.

Par portion de soupe *4,1 g de lipides (dont 1 g d'acides gras saturés) ; 124 kcal ; 12,4 g de glucides ; 7,4 g de protéines ; 4,7 g de fibres*

Pour 5 raviolis *5,8 g de lipides (dont 1,4 g d'acides gras saturés) ; 192 kcal ; 22,7 g de glucides ; 11,7 g de protéines ; 0,1 g de fibres*

Note *Cette recette permet de confectionner une quarantaine de raviolis. Vous pouvez les préparer à l'avance et les congeler, deux par deux ou en plus grandes quantités, dans des sacs de congélation. Pour les faire cuire, placez-les simplement dans la soupe, sans décongélation préalable, et veillez à ce qu'ils soient bien cuits avant de les servir.*

Crème de poulet et petits pains au fromage et aux fines herbes

Pour 4 personnes

Préparation 35 minutes • Cuisson 2 h 30

2 litres d'eau
1 litre de bouillon de poulet
1 poulet entier de 1,8 kg
1 carotte moyenne (120 g) grossièrement hachée
1 branche de céleri parée (100 g) grossièrement hachée
1 oignon brun moyen (150 g) grossièrement haché
40 g de beurre
50 g de farine
2 c. à s. de jus de citron
125 ml de crème
15 g de feuilles de persil plat finement hachées

Pains au fromage et aux fines herbes
2 c. à c. d'huile d'olive
1 petit oignon brun finement haché
200 g de farine avec levure incorporée
35 g de cheddar ou de gruyère grossièrement râpé
2 c. à s. de feuilles de persil plat ciselées
2 c. à s. de ciboulette ciselée
165 ml de lait
2 c. à s. de parmesan grossièrement râpé

1. Versez l'eau et le bouillon dans une grande casserole. Ajoutez le poulet, la carotte, le céleri et l'oignon. Portez à ébullition, couvrez et laissez mijoter 1 h 30. Ôtez le poulet de la casserole, couvrez et laissez mijoter le bouillon 30 minutes de plus.

2. Passez le bouillon au chinois au-dessus d'un grand récipient résistant à la chaleur. Jetez les résidus solides. Jetez la peau et les os du poulet et détaillez sa chair en gros lambeaux.

3. Préchauffez le four à 200 °C, ou à 180 °C pour un four à chaleur tournante. Préparez les petits pains au fromage et aux fines herbes.

4. Faites fondre le beurre dans une grande casserole. Ajoutez la farine et faites cuire en remuant, jusqu'à ce que le mélange épaississe et se mette à bouillir. Incorporez le bouillon et le jus de citron. Portez à ébullition sans cesser de remuer. Ajoutez la crème et laissez mijoter à découvert 25 minutes. Ajoutez le poulet et faites réchauffer la soupe à feu moyen.

5. Servez dans des bols, parsemez de persil et accompagnez de petits pains au fromage et aux fines herbes.

Petits pains au fromage et aux fines herbes Faites chauffer l'huile d'olive dans une petite casserole puis faites revenir l'oignon, en remuant. Laissez refroidir 5 minutes. Versez la farine dans un saladier. Ajoutez l'oignon, le cheddar, le persil et la ciboulette. Ajoutez jusqu'à 165 ml de lait, afin d'obtenir une pâte souple et collante. Posez la pâte sur un plan de travail fariné et pétrissez-la pour obtenir un mélange homogène. Divisez en quatre, façonnez des pains ronds, posez-les sur la plaque du four, saupoudrez-les de parmesan et enfournez pour 5 minutes.

Par portion de soupe *58,6 g de lipides (dont 14,9 g d'acides gras saturés) ; 796 kcal ; 15,5 g de glucides ; 51,9 g de protéines ; 2,4 g de fibres*

Pour 1 pain *8,9 g de lipides (dont 4,3 g d'acides gras saturés) ; 271 kcal ; 36,2 g de glucides ; 10,2 g de protéines ; 2,3 g de fibres*

Soupes à la viande

Soupe de bœuf aux doliques et aux épinards

Pour 4 personnes

Préparation 5 minutes + trempage • Cuisson 1 h 50

200 g de doliques à œil noir
1 c. à s. d'huile d'olive
1 oignon brun moyen (150 g) finement haché
1 gousse d'ail écrasée
2,5 litres de bouillon de bœuf
60 ml de vin rouge sec
2 c. à s. de concentré de tomate
500 g de hampe de bœuf
250 g d'épinards parés grossièrement hachés

1. Mettez les doliques dans un saladier de taille moyenne, couvrez-les d'eau et laissez-les reposer toute une nuit. Égouttez-les, rincez-les à l'eau froide puis égouttez-les de nouveau.

2. Faites chauffer l'huile d'olive dans une grande casserole puis faites revenir l'oignon et l'ail en remuant, jusqu'à ce que l'oignon soit tendre. Ajoutez le bouillon, le vin, le concentré de tomate et le bœuf. Portez à ébullition, couvrez puis laissez mijoter 40 minutes. Enlevez le couvercle et laissez mijoter 30 minutes de plus.

3. Ôtez le bœuf, ajoutez les haricots et portez à ébullition. Laissez mijoter à découvert jusqu'à ce que les haricots soient tendres.

4. Une fois le bœuf un peu refroidi, jetez sa graisse et ses nerfs. Coupez la viande en gros morceaux puis remettez-les dans la casserole et ajoutez les épinards. Faites mijoter à découvert jusqu'à ce que la soupe soit chaude.

Par portion *13,9 g de lipides (dont 4,2 g d'acides gras saturés) ; 526 kcal ; 28,3 g de glucides ; 62,6 g de protéines ; 12,4 g de fibres*

Note *Cette recette sera encore meilleure si vous la préparez avec du bouillon maison (voir page 112). Vous aurez besoin de 1 kg d'épinards pour obtenir les 250 g nécessaires à cette recette une fois parés.*

Soupe de merguez et haricots à la gremolata

Les merguez sont des petites saucisses épicées très populaires en Tunisie et en Algérie, généralement à base d'agneau, de mouton et/ou de bœuf. On les sert traditionnellement grillées dans les mezzés, ou frites et cuites avec des légumineuses, diverses viandes et des légumes dans les tajines ou des ragoûts consistants.

Pour 4 personnes

Préparation 10 minutes • Cuisson 40 minutes

1 oignon rouge moyen (170 g) grossièrement haché
2 tranches de bacon sans couenne (130 g) grossièrement hachées
2 gousses d'ail écrasées
400 g de tomates concassées en conserve
1,5 litre de bouillon de poulet
6 merguez (480 g)
800 g de haricots blancs en conserve, rincés et égouttés

Gremolata
20 g de feuilles de persil plat finement hachées
2 c. à c. de zeste de citron finement râpé
2 gousses d'ail écrasées

1. Faites revenir l'oignon, le bacon et l'ail dans une grande casserole huilée, en remuant, jusqu'à ce que l'oignon devienne tendre et le bacon croustillant. Ajoutez les tomates et leur jus puis le bouillon. Portez à ébullition et laissez mijoter 20 minutes à découvert, en remuant de temps en temps.

2. Pendant ce temps, faites cuire les merguez dans une poêle huilée jusqu'à ce qu'elles brunissent et soient bien cuites, puis coupez-les en tranches fines.

3. Ajoutez dans la casserole les rondelles de merguez et les haricots blancs puis réchauffez le tout en remuant.

4. Versez la soupe dans des bols et complétez avec la gremolata.

Gremolata Mélangez tous les ingrédients dans un bol.

Par portion *42,4 g de lipides (dont 15,6 g d'acides gras saturés) ; 599 kcal ; 14,6 g de glucides ; 38,4 g de protéines ; 5,5 g de fibres*

Note *Cette recette sera encore meilleure si vous la préparez avec du bouillon maison (voir page 112).*

Bouillon de porc rôti à l'orange et au tamarin

Le porc rôti à la chinoise est un filet de porc rôti après avoir mariné dans une préparation sucrée, qui se vend dans les épiceries et les restaurants asiatiques.

Pour 8 personnes

Préparation 15 minutes + trempage • Cuisson 30 minutes

20 g de champignons shiitaké séchés
2 c. à c. d'huile végétale
4 échalotes (100 g) finement hachées
1 gousse d'ail écrasée
2 petits piments rouges thaïs frais finement hachés
2 litres d'eau
1 litre de bouillon de bœuf
2 c. à c. de zeste d'orange finement râpé
60 ml de jus d'orange
1 c. à s. de concentré de tamarin
400 g de porc rôti à la chinoise coupé en fines tranches
100 g de champignons crimini émincés
4 ciboules émincées

1. Faites tremper les champignons séchés dans un saladier d'eau froide pendant 1 heure, puis égouttez-les, éliminez leur pied et coupez leur chapeau en tranches fines.

2. Pendant le trempage des champignons, faites chauffer l'huile dans une grande casserole puis faites revenir les échalotes, l'ail et le piment, en remuant, jusqu'à ce que les échalotes deviennent tendres. Ajoutez l'eau, le bouillon, le zeste d'orange, le jus d'orange et le tamarin. Portez à ébullition. Ajoutez le porc et les champignons. Couvrez et laissez mijoter 10 minutes pour réchauffer la soupe.

3. Servez la soupe dans des bols, parsemée de rondelles de ciboule.

Par portion *9,1 g de lipides (dont 3,4 g d'acides gras saturés) ; 155 kcal ; 4,3 g de glucides ; 13,1 g de protéines ; 2,1 g de fibres*

Phô au bœuf

Le phô est l'un des petits déjeuners préférés des Vietnamiens mais peut également se déguster tout au long de la journée. Cette recette peut se faire avec d'autres morceaux de bœuf comme le gîte ou la selle, en modifiant le temps de cuisson en conséquence.

Pour 6 personnes

Préparation 20 minutes • Cuisson 1 h 20

2 litres d'eau
1 litre de bouillon de bœuf
1 kg de paleron de bœuf
2 anis étoilés
40 g de gingembre frais râpé
80 g de sauce soja japonaise
200 g de nouilles de haricot mungo
120 g de germes de soja
15 g de feuilles de coriandre fraîche
20 g de feuilles de menthe fraîche
4 ciboules émincées
2 longs piments rouges frais émincés
60 ml de nuoc-mâm
1 citron moyen (140 g) coupé en 6 morceaux

1. Versez l'eau et le bouillon dans une grande casserole. Ajoutez le bœuf, l'anis étoilé, le gingembre et la sauce soja. Portez à ébullition, couvrez et laissez mijoter 30 minutes. Enlevez le couvercle et laissez mijoter 30 minutes de plus, ou jusqu'à ce que la viande soit tendre.

2. Pendant ce temps, mettez les nouilles dans un récipient résistant à la chaleur, couvrez-les d'eau bouillante, laissez-les tremper jusqu'à ce qu'elles soient juste tendres puis égouttez-les. Dans un saladier, mélangez les germes de soja, la coriandre, la menthe, les ciboules et les piments.

3. Ôtez le bœuf de la casserole. Passez le bouillon au chinois au-dessus d'un grand récipient résistant à la chaleur et jetez les résidus solides. Laissez refroidir le bœuf, éliminez sa graisse et ses nerfs puis coupez la viande en tranches fines. Rincez la casserole et remettez dedans la viande et le bouillon. Portez à ébullition puis ajoutez le nuoc-mâm.

4. Répartissez les nouilles dans des bols. Avec une louche, arrosez de bouillon de bœuf chaud puis décorez avec le mélange de germes de soja aux piments et aux herbes. Servez avec les morceaux de citron.

Par portion *8 g de lipides (dont 3,3 g d'acides gras saturés) ; 279 kcal ; 11,8 g de glucides ; 38,3 g de protéines ; 2,4 g de fibres*

Soupe écossaise et scones au fromage

Pour 4 personnes

Préparation 30 minutes • Cuisson 1 h 45

2,25 litres d'eau
1 kg de collet d'agneau
150 g d'orge perlé
1 gros oignon brun (200 g) coupé en dés de 1 cm de côté
2 carottes moyennes (140 g) coupées en dés de 1 cm de côté
1 poireau moyen (350 g) émincé
160 g de chou frisé de Milan émincé
60 g de petits pois surgelés
2 c. à s. de feuilles de persil plat grossièrement hachées

Scones au fromage
140 g de farine
1 pincée de poivre de Cayenne
2 c. à s. de parmesan finement râpé
30 g de cheddar ou de gruyère grossièrement râpé
125 ml de lait
30 g de cheddar ou de gruyère grossièrement râpé supplémentaires

1. Mettez l'eau, l'agneau et l'orge perlé dans une grande casserole. Portez à ébullition, couvrez et laissez mijoter 1 heure en dégraissant régulièrement le bouillon. Ajoutez l'oignon, les carottes et le poireau. Couvrez et laissez mijoter 30 minutes.

2. Pendant ce temps, préparez les scones au fromage.

3. Ôtez l'agneau de la casserole, laissez-le refroidir puis jetez ses os et détaillez sa viande en gros lambeaux. Remettez la viande dans la soupe, ajoutez le chou de Milan et les petits pois puis faites cuire à découvert 10 minutes.

4. Versez dans des bols, saupoudrez de persil et servez avec les scones au fromage.

Scones au fromage Préchauffez le four à 220 °C, ou à 200 °C pour un four à chaleur tournante. Beurrez et farinez un moule à gâteau de 8 x 26 cm. Dans un saladier, mélangez la farine, le poivre de Cayenne, le parmesan et 30 g de cheddar. Ajoutez le lait et mélangez jusqu'à obtention d'une pâte collante. Pétrissez sur un plan de travail fariné puis aplatissez la pâte pour qu'elle fasse 2 cm d'épaisseur. Avec un emporte-pièce rond de 4,5 cm de diamètre, coupez des scones et posez-les dans le moule en les faisant se toucher légèrement. Enduisez chaque scone d'un peu de lait et saupoudrez avec le cheddar supplémentaire. Enfournez pour 20 minutes.

Par portion de soupe *24,4 g de lipides (dont 10,7 g d'acides gras saturés) ; 544 kcal ; 32,8 g de glucides ; 43,2 g de protéines ; 10,7 g de fibres*

Par portion de scones *7,8 g de lipides (dont 4,8 g d'acides gras saturés) ; 217 kcal ; 26,2 g de glucides ; 9,6 g de protéines ; 1,3 g de fibres*

Soupe au bœuf et à l'orge perlé

Pour 6 personnes

Préparation 30 minutes • Cuisson 1 h 45

1 c. à s. d'huile d'olive
500 g de gîte de bœuf coupé en dés de 2 cm de côté
2 gousses d'ail écrasées
2 oignons bruns moyens (300 g) finement hachés
150 g d'orge perlé
750 ml de bouillon de bœuf
1,5 litre d'eau
1 feuille de laurier
1 brin de romarin frais
1 brin de thym frais
2 pommes de terre moyennes (400 g) coupées en dés de 1 cm de côté
2 carottes moyennes (240 g) coupées en dés de 1 cm de côté
2 courgettes moyennes (240 g) coupées en dés de 1 cm de côté
2 pâtissons jaunes moyens (60 g) coupés en dés de 1 cm de côté
100 g de champignons crimini grossièrement hachés
30 g de feuilles de persil plat finement hachées

1. Faites chauffer la moitié de l'huile d'olive dans une grande casserole, puis faites-y dorer les dés de bœuf et réservez-les.

2. Ajoutez le reste de l'huile et faites revenir l'ail et les oignons en remuant, jusqu'à ce que les oignons deviennent tendres. Remettez le bœuf dans la casserole, ajoutez l'orge perlé, le bouillon, l'eau, le laurier, le romarin et le thym. Portez à ébullition, couvrez puis laissez mijoter 1 heure, en dégraissant régulièrement le bouillon.

3. Ajoutez les dés de pomme de terre, de carotte, de courgette, de pâtisson et les champignons. Couvrez et laissez mijoter 25 minutes pour que les légumes soient tendres. Ôtez et jetez le laurier, le romarin et le thym.

4. Servez la soupe dans des bols, saupoudrée de persil.

Par portion *8,8 g de lipides (dont 2,6 g d'acides gras saturés) ; 323 kcal ; 30 g de glucides ; 26,9 g de protéines ; 7,8 g de fibres*

Note *Cette recette sera encore meilleure si vous la préparez avec un bouillon maison (voir page 112).*

Velouté à la tomate séchée et au veau

Pour 6 personnes

Préparation 30 minutes • Cuisson 2 heures

1 litre d'eau
500 g d'épaule de veau désossée
6 grains de poivre noir
1 feuille de laurier
60 g de beurre
1 oignon brun moyen (150 g) grossièrement haché
1 gousse d'ail écrasée
50 g de farine
6 grosses tomates allongées (540 g) grossièrement hachées
2 c. à s. de concentré de tomate
125 ml de crème
75 g de tomates mi-séchées, égouttées et finement hachées
2 c. à s. de basilic frais ciselé

Ciabatta grillée et beurre au basilic

50 g de beurre ramolli
1 c. à s. de basilic finement haché
6 tranches épaisses de ciabatta

1. Versez l'eau dans une grande casserole. Ajoutez le veau, le poivre et le laurier. Portez à ébullition, couvrez et laissez mijoter 1 h 30.

2. Mettez le veau dans un saladier et émiettez-le à l'aide de 2 fourchettes. Passez le bouillon au chinois au-dessus d'un grand récipient résistant à la chaleur et jetez les résidus solides.

3. Faites fondre le beurre dans une grande casserole puis faites revenir l'oignon et l'ail en remuant, jusqu'à ce que l'oignon devienne tendre. Ajoutez la farine et continuez à mélanger jusqu'à ce que la préparation épaississe et se mette à bouillir. Ajoutez progressivement le bouillon, en continuant à tourner, sur feu moyen, jusqu'à ce que la soupe se remette à bouillir et à épaissir. Ajoutez les tomates et le concentré de tomate. Portez à ébullition, couvrez et laissez mijoter 10 minutes. Laissez refroidir 15 minutes.

4. Pendant ce temps, préparez la ciabatta grillée et le beurre au basilic.

5. Mixez la soupe en plusieurs fois, jusqu'à obtention d'un velouté onctueux. Rincez la casserole, remettez la soupe dedans, ajoutez la crème et mélangez sur feu moyen jusqu'à ce que la soupe soit chaude.

6. Versez dans des bols. Déposez au centre de chaque bol des morceaux de veau et de tomate mi-séchée, saupoudrez de basilic et servez avec les toasts de ciabatta.

Ciabatta grillée et beurre au basilic Dans un bol, mélangez le beurre et le basilic. Faites griller des deux côtés les tranches de ciabatta puis tartinez-les avec le beurre au basilic.

Par portion de soupe *20,1 g de lipides (dont 12 g d'acides gras saturés) ; 342 kcal ; 15,3 g de glucides ; 23,2 g de protéines ; 4,2 g de fibres*

Par toast *8,1 g de lipides (dont 4,6 g d'acides gras saturés) ; 158 kcal ; 17,7 g de glucides ; 3,1 g de protéines ; 1,2 g de fibres*

Soupe mexicaine aux haricots rouges et au porc

Pour 6 personnes

Préparation 25 minutes • Cuisson 2 h 30

2 litres d'eau
2 litres de bouillon de poulet
1 grosse carotte (180 g) grossièrement coupée
1 branche de céleri parée (100 g) grossièrement coupée
5 gousses d'ail non pelées écrasées
6 grains de poivre noir
3 brins d'origan frais
1 feuille de laurier
1 kg de collier de porc
1 c. à s. d'huile d'olive
1 gros oignon rouge (300 g) grossièrement haché
1 poivron rouge moyen (200 g) grossièrement coupé
1 poivron jaune moyen (200 g) grossièrement coupé
2 longs piments rouges émincés
2 gousses d'ail écrasées
800 g de tomates concassées en conserve
1 c. à c. de cumin moulu
2 c. à s. d'origan frais grossièrement haché
420 g de haricots rouges en conserve, rincés et égouttés

1. Versez l'eau et le bouillon dans une grande casserole. Ajoutez la carotte, le céleri, les gousses d'ail non pelées, les grains de poivre, l'origan, le laurier et le porc. Portez à ébullition et laissez mijoter 1 heure à couvert, puis 1 heure à découvert.

2. Mettez le porc dans un saladier et émiettez-le à l'aide de 2 fourchettes. Passez le bouillon au chinois au-dessus d'un grand récipient résistant à la chaleur et jetez les résidus solides.

3. Rincez la casserole puis faites-y chauffer l'huile d'olive et faites revenir l'oignon, les poivrons, les piments et l'ail écrasé, en remuant, jusqu'à ce que les légumes soient tendres. Remettez le porc et le bouillon dans la casserole puis ajoutez les tomates et leur jus, le cumin et l'origan. Portez à ébullition. Couvrez et laissez mijoter 15 minutes. Ajoutez les haricots rouges, couvrez et réchauffez bien le tout.

Par portion *7,4 g de lipides (dont 1,6 g d'acides gras saturés) ; 356 kcal ; 20,8 g de glucides ; 46,5 g de protéines ; 9,1 g de fibres*

Note *Cette recette sera encore meilleure si vous la préparez avec un bouillon maison (voir page 112).*

Mijoté d'agneau aux haricots blancs

Pour 4 personnes

Préparation 35 minutes + trempage • Cuisson 3 h 20

200 g de haricots cannellini (blancs)
2 poivrons rouges moyens (400 g)
1 c. à s. d'huile d'olive
1,5 kg de souris d'agneau
1 gros oignon brun (200 g) grossièrement haché
2 gousses d'ail coupées en quatre
2 carottes moyennes (240 g) grossièrement hachées
2 branches de céleri parées (200 g) grossièrement hachées
2 c. à s. de concentré de tomate
250 ml de vin rouge sec
3 litres d'eau
80 g de petites feuilles d'épinard

1. Faites tremper les haricots pendant toute une nuit dans un saladier rempli d'eau puis égouttez-les, rincez-les à l'eau froide et égouttez-les de nouveau.

2. Coupez les poivrons en quatre puis ôtez leurs graines et leurs membranes internes. Posez les morceaux sur la plaque du four, peau vers le haut, et chauffez sous le gril ou à four très chaud jusqu'à ce que leur peau noircisse et se boursoufle. Couvrez pendant 5 minutes avec du plastique ou du papier pour ôter facilement la peau et coupez la chair en petits dés.

3. Faites chauffer l'huile d'olive dans une grande casserole puis faites dorer les souris d'agneau et réservez-les. Faites revenir l'oignon et l'ail, en remuant, jusqu'à ce que l'oignon soit tendre. Ajoutez les carottes et le céleri et continuez la cuisson 2 minutes sans cesser de tourner. Ajoutez le concentré de tomate et le vin. Portez à ébullition puis laissez mijoter 5 minutes à découvert.

4. Remettez l'agneau dans la casserole, ajoutez l'eau et portez à ébullition. Laissez mijoter 2 heures à découvert, en dégraissant régulièrement le bouillon.

5. Pendant ce temps, mettez les haricots dans une casserole d'eau bouillante, portez à ébullition puis laissez mijoter à découvert 30 minutes. Égouttez les haricots. Ôtez l'agneau de la casserole. Passez le bouillon au chinois au-dessus d'un grand récipient résistant à la chaleur et jetez les résidus solides. Laissez refroidir la viande puis détaillez-la en gros lambeaux et jetez les os.

6. Rincez la casserole puis reversez le bouillon dedans et ajoutez les poivrons, les haricots et l'agneau. Portez à ébullition puis laissez mijoter 5 minutes à découvert. Ôtez du feu et ajoutez les feuilles d'épinard.

Par portion *1,8 g de lipides (dont 0,7 g d'acides gras saturés) ; 41 kcal ; 1,4 g de glucides ; 3,8 g de protéines ; 0,7 g de fibres*

Goulasch hongrois

Pour 4 personnes

Préparation 25 minutes • Cuisson 2 heures

2 c. à s. d'huile d'olive
40 g de beurre
900 g d'épaule de veau désossée, coupée en dés de 2 cm de côté
2 oignons bruns moyens (300 g) finement hachés
1 c. à s. de concentré de tomate
1 c. à s. de farine
1 c. à s. de paprika doux
2 c. à c. de graines de carvi
½ c. à c. de poivre de Cayenne
2 gousses d'ail écrasées
500 ml d'eau
1,5 litre de bouillon de bœuf
400 g de tomates concassées en conserve
1 gros poivron rouge (350 g) grossièrement coupé
1 pomme de terre moyenne (200 g) grossièrement coupée

Spätzles

150 g de farine
2 œufs légèrement battus
60 ml d'eau
½ c. à c. de poivre noir concassé

1. Faites chauffer la moitié de l'huile d'olive et du beurre dans une grande casserole puis faites dorer les morceaux de veau et réservez-les.

2. Ajoutez le reste de l'huile et du beurre et faites revenir les oignons, en remuant, 5 minutes jusqu'à ce qu'ils soient légèrement caramélisés.

3. Ajoutez le concentré de tomate, la farine, le paprika, les graines de carvi, le poivre de Cayenne et l'ail et faites revenir 2 minutes en remuant. Remettez le veau dans la casserole puis ajoutez l'eau, le bouillon et les tomates avec leur jus. Portez à ébullition et laissez mijoter 1 h 30 à découvert. Ajoutez le poivron et la pomme de terre puis faites mijoter à découvert 10 minutes.

4. Pendant ce temps, préparez les spätzles.

5. Versez la soupe dans des bols et ajoutez les spätzles.

Spätzles Dans un saladier, formez un puits avec la farine puis ajoutez progressivement les œufs et l'eau, en remuant, jusqu'à obtention d'une pâte homogène. Ajoutez le poivre. Mettez la pâte dans une passoire métallique, au-dessus d'une grande casserole d'eau bouillante, puis, avec une cuillère en bois, poussez-la à travers les trous de la passoire. Faites bouillir à découvert 2 minutes, ou jusqu'à ce que les spätzles remontent à la surface de l'eau, puis égouttez les pâtes avec une écumoire et ajoutez-les au goulasch.

Par portion *27,3 g de lipides (dont 9,5 g d'acides gras saturés) ; 723 kcal ; 48 g de glucides ; 68,8 g de protéines ; 5,8 g de fibres*

Note *Les spätzles sont des pâtes populaires en Autriche, en Allemagne, en Suisse et en Alsace. Elles se font en poussant une boule de pâte à travers les trous d'une passoire, au-dessus d'une casserole d'eau ou de bouillon bouillant, pour former des filaments qui sont généralement frits dans du beurre avant d'être dégustés. Cette recette sera encore meilleure si vous la préparez avec un bouillon maison (voir page 112).*

Harira

Lors du ramadan, une fois le soleil couché, beaucoup de musulmans marocains rompent le jeûne de la journée en commençant leur repas par cette soupe riche et nourrissante. Sa recette varie d'une famille à l'autre, mais elle contient toujours des pois chiches et de l'agneau.

Pour 8 personnes

Préparation 25 minutes + trempage • Cuisson 2 h 15

200 g de pois chiches
20 g de beurre
2 oignons bruns (300 g) finement hachés
2 branches de céleri parées (200 g) finement hachées
2 gousses d'ail écrasées
20 g de gingembre frais râpé
1 c. à c. de cannelle moulue
½ c. à c. de poivre noir moulu
1 pincée de safran en pistils
500 g d'agneau coupé en dés
3 grosses tomates (660 g) épépinées et grossièrement hachées
2 litres d'eau chaude
100 g de lentilles brunes
2 c. à s. de farine
100 g de riz blanc à longs grains
30 g de feuilles de coriandre fraîche
2 c. à s. de jus de citron

1. Faites tremper les pois chiches toute une nuit dans un saladier rempli d'eau. Égouttez-les, rincez-les à l'eau froide puis égouttez-les de nouveau.

2. Faites fondre le beurre dans une grande casserole puis faites revenir les oignons, le céleri et l'ail, en remuant, jusqu'à ce que les oignons soient tendres. Ajoutez le gingembre, la cannelle, le poivre et le safran puis faites revenir, en remuant, jusqu'à ce que le mélange soit bien odorant. Ajoutez l'agneau et faites-le dorer en remuant 5 minutes. Ajoutez les pois chiches et les tomates et continuez à remuer 5 minutes, ou jusqu'à ce que les tomates soient tendres.

3. Versez l'eau. Portez à ébullition, couvrez et laissez mijoter 45 minutes. Ajoutez les lentilles, couvrez et laissez mijoter 1 heure.

4. Dans un saladier, délayez la farine avec 125 ml de bouillon légèrement refroidi. Versez le mélange dans la casserole, ajoutez le riz et continuez la cuisson, en remuant, jusqu'à ce que la soupe se mette à bouillir et à épaissir. Ôtez du feu puis ajoutez les feuilles de coriandre et le jus de citron.

Par portion *8,6 g de lipides (dont 4 g d'acides gras saturés) ; 262 kcal ; 23,6 g de glucides ; 20,1 g de protéines ; 4,8 g de fibres*

Bouillon asiatique à la poitrine de porc

Servez cette soupe dans de grands bols pour que le porc ne soit pas noyé dans le bouillon et que sa peau reste croustillante.

Pour 4 personnes

Préparation 20 minutes + trempage et réfrigération • Cuisson 2 heures

100 g de graines de soja séchées
1 kg de poitrine de porc avec sa couenne
1 ½ c. à c. de gros sel
1 c. à c. de cinq-épices en poudre
500 ml d'eau
1 litre de bouillon de poulet
1 petit piment rouge thaï frais finement haché
2 anis étoilés
25 g de gingembre frais émincé
80 ml de sauce hoisin
500 g de choy sum émincé
3 ciboules émincées

1. Faites tremper les graines de soja pendant toute une nuit dans un saladier rempli d'eau froide.

2. Posez le porc sur une planche à découper, couenne vers le haut, puis, avec un couteau aiguisé, quadrillez sa peau en la coupant en biais tous les 1 cm. Mélangez le gros sel et la moitié du cinq-épices puis frottez-en les entailles. Coupez le porc en 10 morceaux puis posez-les sur un plateau, couenne vers le haut. Couvrez et placez au réfrigérateur pour la nuit.

3. Préchauffez le four à 240°C, ou à 220 °C pour un four à chaleur tournante.

4. Rincez les graines de soja à l'eau froide, égouttez-les, puis mettez-les dans une casserole d'eau bouillante. Portez à ébullition puis laissez mijoter à découvert jusqu'à ce que les graines soient tendres, avant de les égoutter de nouveau.

5. Pendant ce temps, posez le porc sur une grille métallique, au-dessus d'une plaque de cuisson creuse, et faites-le rôtir 30 minutes. Baissez la température du four à 160 °C, ou à 140 °C pour un four à chaleur tournante, puis faites rôtir le porc 45 minutes jusqu'à ce que la couenne soit brune et croustillante. Coupez chaque morceau de porc en deux.

6. Mettez les graines de soja dans une grande casserole puis ajoutez l'eau, le bouillon, le piment, l'anis étoilé, le gingembre, la sauce hoisin et le reste du cinq-épices. Portez à ébullition, couvrez, laissez mijoter 30 minutes puis ajoutez le chou et les ciboules.

7. Versez la soupe dans des bols et ajoutez le porc.

Par portion *59,6 g de lipides (dont 20,2 g d'acides gras saturés) ; 882 kcal ; 12,4 g de glucides ; 72,2 g de protéines ; 6,2 g de fibres*

Note *Les graines de soja ayant besoin de tremper toute une nuit dans de l'eau, il est préférable de préparer le porc la veille de la dégustation et de le mettre au réfrigérateur pour la nuit, car cela permettra « d'assécher » sa couenne et de la rendre plus croustillante après la cuisson. Cette recette sera encore meilleure si vous la préparez avec un bouillon maison* *(voir page 112)**.*

Minestrone

Pour 6 personnes

Préparation 40 minutes + réfrigération • Cuisson 3 h 35

- 2 jarrets de porc (1 kg)
- 1 oignon brun moyen (150 g) coupé en quatre
- 1 branche de céleri parée (100 g) grossièrement hachée
- 1 c. à c. de grains de poivre noir
- 1 feuille de laurier
- 4 litres d'eau
- 1 c. à s. d'huile d'olive
- 2 branches de céleri parées (200 g) finement hachées
- 1 grosse carotte (180 g) finement hachée
- 3 gousses d'ail écrasées
- 70 g de concentré de tomate
- 2 grosses tomates (440 g) finement hachées
- 1 petit poireau (200 g) émincé
- 100 g de petites pâtes en forme de coquille
- 420 g de haricots blancs en conserve, rincés et égouttés
- 30 g de feuilles de persil plat frais grossièrement hachées
- 30 g de basilic frais grossièrement haché
- 40 g de parmesan en copeaux

1. Préchauffez le four à 220 °C, ou à 200 °C pour un four à chaleur tournante.

2. Placez le porc et l'oignon dans un plat allant au four, enfournez pour 30 minutes, puis transvasez le tout dans une grande casserole et ajoutez le céleri grossièrement haché, les grains de poivre, le laurier et l'eau. Portez à ébullition puis laissez mijoter 2 heures à découvert.

3. Ôtez le porc de la soupe, passez le bouillon au chinois au-dessus d'un grand récipient résistant à la chaleur et jetez les résidus solides. Laissez refroidir le bouillon, couvrez-le et mettez-le au réfrigérateur. Une fois le porc froid, jetez ses os et détaillez sa chair en lambeaux.

4. Pendant ce temps, faites chauffer l'huile d'olive dans une grande casserole puis faites revenir le céleri finement haché et la carotte, en remuant, pendant 2 minutes. Ajoutez la viande, l'ail, le concentré de tomate et les tomates et continuez la cuisson, sans cesser de remuer, 2 minutes de plus.

5. Dégraissez le bouillon puis versez-le dans un verre mesureur et ajoutez de l'eau pour obtenir 2 litres de soupe. Versez dans la casserole, portez à ébullition, couvrez et laissez mijoter 20 minutes.

6. Ajoutez le poireau, les pâtes et les haricots. Portez à ébullition et faites mijoter jusqu'à ce que les pâtes soient juste tendres. Ôtez du feu puis incorporez les fines herbes. Servez la soupe dans des bols, saupoudrée de parmesan.

Par portion *7,2 g de lipides (dont 2,4 g d'acides gras saturés) ; 207 kcal ; 19,6 g de glucides ; 12,7 g de protéines ; 6,1 g de fibres*

Note *Vous pouvez préparer le bouillon la veille ou le matin même de la dégustation, pour avoir le temps de le faire refroidir et de le dégraisser facilement avant de le réchauffer.*

Soupe cubaine aux haricots noirs

La soupe de haricots noirs est traditionnellement accompagnée de petits bols contenant des condiments variés comme des œufs durs hachés, de la crème aigre, de fines tranches d'oignon rouge, des quartiers de citron vert ou des piments hachés et des feuilles de coriandre. Chaque convive choisit les saveurs qu'il souhaite apporter à sa soupe.

Pour 8 personnes

Préparation 30 minutes + trempage • Cuisson 2 h 15

- 500 g de haricots noirs secs
- 1 kg de jambon à l'os
- 60 ml d'huile d'olive
- 2 oignons bruns moyens (300 g) finement hachés
- 1 poivron rouge moyen (200 g) finement haché
- 4 gousses d'ail écrasées
- 1 c. à s. de cumin moulu
- 1 c. à c. de flocons de piment séché
- 400 g de tomates concassées en conserve
- 2,5 litres d'eau
- 1 c. à s. d'origan séché
- 2 c. à c. de poivre noir moulu
- 60 ml de jus de citron vert
- 2 tomates moyennes (300 g) finement hachées
- 15 g de coriandre fraîche ciselée
- 2 citrons verts coupés en quatre

1. Faites tremper les haricots toute une nuit dans un saladier rempli d'eau puis égouttez-les, rincez-les à l'eau froide et égouttez-les de nouveau.

2. Préchauffez le four à 220°C, ou à 200 °C pour un four à chaleur tournante.

3. Placez le jambon sur une plaque de cuisson et enfournez-le pour 30 minutes, sans le couvrir.

4. Pendant ce temps, faites chauffer l'huile d'olive dans une grande casserole puis faites revenir les oignons, le poivron et l'ail, en remuant, jusqu'à ce qu'ils soient tendres. Ajoutez le cumin et les flocons de piment et continuez à cuire en remuant 1 minute. Ajoutez les haricots, le jambon, les tomates en conserve et leur jus, l'eau, l'origan et le poivre. Portez à ébullition puis laissez mijoter 1 h 30 sans couvrir.

5. Ôtez le jambon de la soupe, laissez-le refroidir un peu puis jetez son os et détaillez sa chair en lambeaux.

6. Remettez le jambon dans la soupe. Portez à ébullition puis réduisez le feu. Ôtez du feu et ajoutez le jus de citron vert, les tomates fraîches et la coriandre.

7. Versez la soupe dans des bols et servez-la accompagnée de quartiers de citron vert.

Par portion *9,4 g de lipides (dont 1,6 g d'acides gras saturés) ; 306 kcal ; 29,2 g de glucides ; 20,4 g de protéines ; 10,9 g de fibres*

Note *Certains chefs cubains réduisent en purée la moitié des haricots et l'incorporent à la soupe afin de lui conférer une consistance veloutée.*

Soupe de raviolis chinois au porc et aux légumes

Si elles sont de saison, utilisez des châtaignes d'eau fraîches, pour leur texture croquante. Sinon, vous trouverez des châtaignes d'eau surgelées dans les épiceries asiatiques. La recette qui suit nécessite environ 5 châtaignes d'eau de taille moyenne.

Pour 4 personnes

Préparation 40 minutes • Cuisson 2 h 30

3 litres d'eau
1 kg d'os de poulet
1 petit oignon brun (80 g) coupé en quatre
1 carotte moyenne (120 g) coupée en quatre
20 g de gingembre frais râpé
2 petits piments rouges thaïs frais coupés en deux dans le sens de la longueur
150 g de porc haché
1 gousse d'ail écrasée
1 ciboule finement hachée
2 c. à s. de châtaignes d'eau finement hachées
2 c. à s. de coriandre fraîche finement hachée
1 c. à c. d'huile de sésame
2 c. à s. de vin de cuisson chinois
60 ml de sauce soja claire
2 c. à c. de sucre blanc
12 carrés de won ton
60 g de cresson
4 champignons shiitaké frais émincés

1. Versez l'eau dans une grande casserole et ajoutez les os de poulet, l'oignon, la carotte, les trois quarts du gingembre et 2 moitiés de piment. Portez à ébullition, couvrez et laissez mijoter 2 heures.

2. Passez le bouillon au chinois au-dessus d'un grand récipient résistant à la chaleur et jetez les résidus solides. Laissez refroidir le bouillon, couvrez-le et placez-le au réfrigérateur.

3. Pendant ce temps, hachez finement le reste du piment et mélangez-le dans un saladier avec le reste du gingembre, le porc, l'ail, la ciboule, les châtaignes d'eau, la coriandre, l'huile de sésame, 2 cuillerées à café de vin, 1 cuillerée à café de sauce soja et 1 cuillerée à café de sucre.

4. Déposez 1 cuillerée à soupe rase de garniture au centre de chaque carré de won ton, mouillez les bords des carrés avec de l'eau et refermez les raviolis en pinçant leurs bords.

5. Dégraissez le bouillon puis versez-le dans une grande casserole avec le reste du vin, de la sauce et du sucre. Portez à ébullition. Ajoutez les raviolis, baissez le feu et laissez cuire sans couvrir 20 minutes.

6. Répartissez le cresson, les champignons et les raviolis dans des bols puis arrosez avec le bouillon.

Par portion *5,3 g de lipides (dont 1,6 g d'acides gras saturés) ; 204 kcal ; 20,5 g de glucides ; 14,6 g de protéines ; 2,4 g de fibres*

Note *Les won ton peuvent se congeler crus. Il suffit ensuite de les plonger dans le bouillon, sans décongélation préalable, pour les utiliser.*

Soupes aux légumes

Soupe de chou-fleur au curry

Pour 6 personnes

Préparation 20 minutes + refroidissement • Cuisson 25 minutes

1 c. à s. d'huile olive
1 oignon brun moyen (150 g) finement haché
2 gousses d'ail écrasées
150 g de pâte de curry douce
2 litres d'eau
1 petit chou-fleur (1 kg) paré et grossièrement haché
2 pommes de terre moyennes (400 g) grossièrement coupées
1 c. à s. de concentré de tomate
250 ml de babeurre
30 g de feuilles de coriandre fraîche

1. Faites chauffer l'huile d'olive dans une grande casserole puis faites revenir l'oignon et l'ail en remuant, jusqu'à ce que l'oignon devienne tendre. Ajoutez la pâte de curry et faites revenir 5 minutes en remuant.

2. Ajoutez l'eau, le chou-fleur, les pommes de terre et le concentré de tomate. Portez à ébullition puis laissez mijoter 15 minutes à découvert. Laissez refroidir 15 minutes.

3. Mixez la préparation en plusieurs fois pour obtenir une soupe onctueuse. Reversez la soupe dans la casserole puis ajoutez le babeurre et réchauffez à feu doux sans cesser de remuer.

4. Versez dans des bols, parsemez de coriandre et servez avec du pain naan chaud.

Par portion *12,1 g de lipides (dont 1,8 g d'acides gras saturés) ; 224 kcal ; 16,8 g de glucides ; 8,3 g de protéines ; 6,8 g de fibres*

Soupe au poivron et frites de polenta

Pour 6 personnes

Préparation 15 minutes + réfrigération • Cuisson 1 h 15

4 poivrons rouges moyens (800 g)
2 gousses d'ail non pelées
1 c. à s. d'huile d'olive
1 oignon brun moyen (150 g) finement haché
1 c. à c. de paprika doux
750 ml d'eau
1 litre de bouillon de poulet
125 ml de crème
2 c. à c. de sucre blanc
1 c. à s. de ciboulette fraîche ciselée

Polenta au provolone

875 ml d'eau
250 g de polenta
20 g de beurre
125 g de provolone râpé

1. Préparez la polenta au provolone 3 heures avant la soupe.

2. Coupez les poivrons en quatre puis éliminez leurs graines et leurs membranes blanches. Placez les morceaux de poivron et l'ail sous le gril ou dans un four très chaud, peau vers le haut, jusqu'à ce que leur peau noircisse et se boursoufle. Couvrez pendant 5 minutes avec du plastique ou du papier pour ôter facilement la peau des poivrons. Pelez l'ail puis hachez-le grossièrement.

3. Faites chauffer l'huile d'olive dans une grande casserole puis faites revenir l'oignon, en remuant. Ajoutez le paprika et continuez à cuire en remuant jusqu'à ce que le mélange soit odorant.

4. Ajoutez l'eau, le bouillon, les poivrons et l'ail. Portez à ébullition puis laissez mijoter 40 minutes à découvert. Laissez refroidir 15 minutes.

5. Pendant ce temps, mettez la galette de polenta sur une planche à découper et égalisez ses bords. Coupez la galette en deux dans le sens de la longueur, puis chaque moitié en 9 bâtonnets d'égale largeur. Faites frire les bâtonnets dans une grande poêle huilée.

6. Mixez la soupe en plusieurs fois. Rincez la casserole, remettez la soupe dedans et ajoutez la crème et le sucre. Réchauffez la soupe à feu moyen.

7. Versez dans des bols, saupoudrez de ciboulette et servez avec les bâtonnets de polenta frits.

Polenta au provolone Huilez légèrement un moule à roulé de 20 x 30 cm. Chemisez-le avec du papier sulfurisé, en faisant dépasser ce dernier de 5 cm de chaque côté. Faites bouillir l'eau dans une casserole. Ajoutez progressivement la polenta, sans cesser de remuer. Baissez le feu et laissez mijoter en remuant 10 minutes jusqu'à épaississement. Incorporez le beurre et le provolone. Versez la polenta dans le moule, couvrez et laissez prendre au réfrigérateur 3 heures.

Par portion de soupe *12,7 g de lipides (dont 6,5 g d'acides gras saturés) ; 174 kcal ; 17,3 g de glucides ; 7,6 g de protéines ; 2,6 g de fibres*

Par portion de polenta *8,9 g de lipides (dont 5,5 g d'acides gras saturés) ; 181 kcal ; 17,3 g de glucides ; 7,6 g de protéines ; 0,7 g de fibres*

Soupe de pomme de terre et de poireau

Pour 4 personnes

Préparation 30 minutes + refroidissement • Cuisson 55 minutes

2 pommes de terre moyennes (400 g) grossièrement coupées
2 carottes moyennes (240 g) grossièrement hachées
1 gros oignon brun (200 g) grossièrement haché
1 tomate moyenne (150 g) grossièrement coupée
1 branche de céleri parée (100 g) grossièrement coupée
1,5 litre d'eau
1 c. à s. d'huile d'olive
50 g de beurre
4 pommes de terre moyennes supplémentaires (800 g) grossièrement coupées
1 gros poireau (500 g) coupé en rondelles épaisses
300 ml de crème
2 c. à s. de ciboulette fraîche ciselée
1 c. à s. de basilic frais ciselé
1 c. à s. d'aneth frais ciselé

Croûtons

2 tranches de pain complet
1 noix de beurre

1. Dans une casserole, mélangez 2 pommes de terre, les carottes, l'oignon, la tomate, le céleri et l'eau. Portez à ébullition puis laissez mijoter 20 minutes à découvert. Passez le bouillon au chinois au-dessus d'un grand récipient résistant à la chaleur et jetez les résidus solides.

2. Rincez la casserole puis faites-y chauffer l'huile d'olive et le beurre, ajoutez les 4 pommes de terre supplémentaires et le poireau, couvrez et faites cuire 15 minutes. Ajoutez le bouillon. Portez à ébullition, couvrez et faites mijoter 15 minutes. Laissez refroidir 15 minutes.

3. Pendant ce temps, préparez les croûtons.

4. Mixez la préparation en plusieurs fois pour obtenir une soupe onctueuse. Remettez la soupe dans la casserole, ajoutez la crème et réchauffez à feu moyen, en remuant.

5. Servez la soupe dans des bols, saupoudrée de fines herbes et agrémentée de croûtons.

Croûtons Coupez et jetez la croûte des tranches de pain complet puis coupez la mie en dés de 1 cm de côté. Faites fondre le beurre dans une poêle puis faites dorer les croûtons en les remuant et égouttez-les sur du papier absorbant.

Par portion de soupe *47,9 g de lipides (dont 28,8 g d'acides gras saturés) ; 675 kcal ; 46,3 g de glucides ; 11 g de protéines ; 9,8 g de fibres*

Par portion de croûtons *10,7 g de lipides (dont 6,8 g d'acides gras saturés) ; 128 kcal ; 6,2 g de glucides ; 1,6 g de protéines ; 1 g de fibres*

Bouillon de légumes printaniers aux fleurs de courgette farcies

Pour 4 personnes

Préparation 25 minutes • Cuisson 1 h 40

2,5 litres d'eau
3 pommes de terre pontiac moyennes (600 g) non pelées, coupées en deux
2 tomates moyennes (300 g) coupées en quatre
2 carottes moyennes (240 g) grossièrement hachées
2 branches de céleri parées (200 g) grossièrement hachées
1 gros oignon brun (200 g) grossièrement haché
100 g de champignons de Paris coupés en deux
2 gousses d'ail non pelées écrasées
8 grains de poivre noir
1 feuille de laurier
2 brins de persil plat frais
2 brins d'aneth frais
12 minicourgettes avec leur fleur (240 g)
170 g d'asperges parées grossièrement hachées
150 g de pois mange-tout coupés en biais

Fleurs de courgette farcies

150 g de fromage de chèvre à pâte molle
1 c. à c. de zeste de citron finement râpé
1 c. à s. de jus de citron
1 c. à s. d'aneth frais ciselé

1. Dans une grande casserole, mettez l'eau, les pommes de terre, les tomates, les carottes, le céleri, l'oignon, les champignons, l'ail, le poivre, le laurier, le persil et l'aneth. Portez à ébullition puis laissez mijoter 1 h 30 à découvert. Passez le bouillon au chinois au-dessus d'un grand récipient résistant à la chaleur et jetez les résidus solides.

2. Pendant ce temps, détachez les fleurs de courgette, coupez les courgettes en gros tronçons et réservez-les pour le bouillon.

3. Préparez les fleurs de courgette farcies.

4. Rincez la casserole et remettez le bouillon dedans. Portez à ébullition, ôtez du feu et ajoutez les tronçons de courgette, les asperges et les pois mange-tout.

5. Versez dans des bols et décorez avec les fleurs de courgette farcies.

Fleurs de courgette farcies Mélangez dans un saladier le fromage de chèvre, le zeste et le jus de citron et l'aneth frais. Jetez les étamines des fleurs de courgette puis remplissez ces dernières avec la garniture et enroulez leur extrémité pour les refermer.

Par portion de soupe *0,8 g de lipides (dont 0 g d'acides gras saturés) ; 189 kcal ; 30,4 g de glucides ; 9,6 g de protéines ; 10,4 g de fibres*

Pour 3 fleurs de courgette *5,9 g de lipides (dont 3,9 g d'acides gras saturés) ; 75 kcal ; 0,5 g de glucides ; 5 g de protéines ; 0,1 g de fibres*

Yaourt glacé au concombre et à la menthe

Pour 4 personnes

Préparation 10 minutes + réfrigération

3 concombres moyens (500 g) épluchés et grossièrement râpés
1 gousse d'ail coupée en quatre
1 c. à s. de jus de citron
1 c. à s. de menthe fraîche grossièrement hachée
500 g de yaourt grec

1. Placez le concombre dans une passoire posée sur un saladier, couvrez et mettez le tout au réfrigérateur pour 3 heures ou toute une nuit. Pressez les morceaux de concombre pour en extraire le maximum de jus et réservez le jus qui se trouve dans le saladier.

2. Mixez ensemble le concombre, l'ail, le jus de citron et la menthe puis versez la préparation dans un saladier. Ajoutez le yaourt puis versez progressivement le jus de concombre, en remuant, jusqu'à obtention de la consistance voulue.

3. Versez dans des bols ou des verres, agrémentez d'une feuille de menthe et servez avec du pain turc grillé.

Par portion *8,9 g de lipides (dont 5,7 g d'acides gras saturés) ; 171 kcal ; 13,9 g de glucides ; 7,6 g de protéines ; 0,8 g de fibres*

Soupe de petits pois et pistou à la menthe

Pour 4 personnes

Préparation 10 minutes + refroidissement • Cuisson 20 minutes

1 c. à s. d'huile d'olive
1 petit poireau (200 g) émincé
1 gousse d'ail écrasée
2 grosses pommes de terre (600 g) grossièrement coupées
360 g de petits pois surgelés
750 ml d'eau
500 ml de bouillon de légumes

Pistou à la menthe
120 g de feuilles de menthe fraîche
20 g de parmesan finement râpé
1 c. à s. de jus de citron
1 gousse d'ail coupée en quatre
60 ml d'huile d'olive

1. Faites chauffer l'huile d'olive dans une grande casserole, puis faites revenir le poireau et l'ail, en remuant, jusqu'à ce que le poireau devienne tendre. Ajoutez les pommes de terre, les petits pois, l'eau et le bouillon. Portez à ébullition, couvrez puis laissez mijoter 10 minutes. Laissez refroidir 15 minutes.

2. Pendant ce temps, préparez le pistou à la menthe.

3. Mixez la préparation en plusieurs fois pour obtenir une soupe onctueuse. Rincez la casserole, remettez la soupe dedans et réchauffez à feu moyen.

4. Versez dans des bols et décorez de pistou à la menthe.

Pistou à la menthe Mixez ensemble tous les ingrédients jusqu'à obtention d'une sauce veloutée.

Par portion *20,9 g de lipides (dont 3,7 g d'acides gras saturés) ; 391 kcal ; 32,2 g de glucides ; 12,9 g de protéines ; 12 g de fibres*

Note *Cette recette sera encore meilleure si vous la préparez avec un bouillon maison (voir page 113).*

Laksa à la courge et à l'aubergine

Pour 6 personnes

Préparation 45 minutes • Cuisson 20 minutes

700 g de courge musquée coupée en dés de 2 cm de côté
5 aubergines (300 g) émincées
750 ml de bouillon de légumes
400 ml de lait de coco
250 g de nouilles de riz
500 g de bok choy grossièrement haché
2 c. à s. de jus de citron vert
100 g de germes de soja
6 ciboules émincées
30 g de feuilles de coriandre fraîche
30 g de feuilles de menthe vietnamienne

Pâte laksa

7 piments rouges séchés moyens
125 ml d'eau bouillante
1 c. à s. d'huile d'arachide
3 gousses d'ail coupées en quatre
1 oignon brun moyen (150 g) grossièrement haché
20 g de tige de citronnelle fraîche finement hachée
20 g de gingembre frais râpé
1 c. à s. de noix de macadamia coupées en deux
les racines de 1 bouquet de coriandre lavées et grossièrement hachées
1 c. à c. de curcuma moulu
1 c. à c. de coriandre moulue
2 c. à c. de sel
15 g de feuilles de menthe vietnamienne

1. Préparez la pâte laksa.

2. Mettez 8 cuillerées à soupe de pâte laksa dans une grande casserole puis faites-la revenir en remuant, jusqu'à ce qu'elle soit bien odorante. Ajoutez les dés de courge et les aubergines, et faites revenir 2 minutes en remuant. Ajoutez le bouillon et le lait de coco. Portez à ébullition, couvrez et laissez mijoter 10 minutes.

3. Pendant ce temps, faites tremper les nouilles dans un plat rempli d'eau bouillante jusqu'à ce qu'elles soient tendres, puis égouttez-les.

4. Ajoutez le bok choy à la casserole, portez à ébullition, ôtez du feu et ajoutez le jus de citron vert.

5. Répartissez les nouilles dans des bols, arrosez-les avec la soupe puis ajoutez les germes de soja, les ciboules et les fines herbes.

Pâte laksa Faites tremper les piments dans de l'eau pendant 10 minutes, égouttez-les, puis mixez-les avec tous les autres ingrédients jusqu'à obtention d'une pâte lisse. Prélevez 8 cuillerées à soupe de pâte pour cette recette et congelez le reste pour un usage ultérieur.

Par portion *20,7 g de lipides (dont 13,3 g d'acides gras saturés) ; 336 kcal ; 25,8 g de glucides ; 7,9 g de protéines ; 8,4 g de fibres*

Note *Conservez les racines d'un bouquet de coriandre fraîche pour préparer la pâte laksa employée dans cette recette.*

Velouté de fenouil grillé et aïoli au poivron

Pour 4 personnes

Préparation 10 minutes + refroidissement • Cuisson 1 h 10

2 bulbes de fenouil moyens (600 g)
1 gros oignon brun (200 g) grossièrement haché
4 gousses d'ail non pelées écrasées
2 c. à c. de graines de fenouil séchées
1 c. à s. d'huile d'olive
500 ml de bouillon de légumes
250 ml de lait
250 ml d'eau
2 c. à c. de jus de citron

Aïoli au poivron
1 poivron rouge moyen (200 g)
2 gousses d'ail
1 jaune d'œuf
1 c. à s. de jus de citron
½ c. à c. de moutarde de Dijon
80 ml d'huile d'olive

1. Préchauffez le four à 200 °C, ou à 180 °C pour un four à chaleur tournante.

2. Réservez 4 plumets de feuilles de fenouil. Parez et hachez grossièrement le fenouil puis mélangez-le dans un plat creux allant au four avec l'oignon, l'ail, les graines de fenouil et l'huile d'olive. Enfournez pour 30 minutes à découvert, puis couvrez et laissez cuire 20 minutes de plus ou jusqu'à ce que le fenouil soit tendre.

3. Laissez refroidir puis écrasez l'ail non pelé dans une grande casserole et jetez sa peau. Ajoutez le mélange de fenouil, le bouillon, le lait et l'eau. Portez à ébullition, laissez mijoter 10 minutes à découvert puis laissez refroidir 15 minutes.

4. Pendant ce temps, préparez l'aïoli au poivron.

5. Mixez la préparation en plusieurs fois pour obtenir une soupe onctueuse. Rincez la casserole et remettez la soupe dedans. Ajoutez le jus de citron et réchauffez en remuant, à feu moyen.

6. Versez dans des bols et agrémentez chacun d'un peu d'aïoli et d'un plumet de feuilles de fenouil.

Aïoli au poivron Coupez le poivron en quatre et jetez ses graines et ses membranes blanches. Chauffez les morceaux sous le gril ou à four chaud, peau vers le haut, jusqu'à ce que cette dernière noircisse et se boursoufle. Couvrez de plastique ou de papier pendant 5 minutes pour ôter facilement la peau du poivron, puis hachez grossièrement sa chair. Mixez l'ail, le jaune d'œuf, le jus de citron et la moutarde jusqu'à obtention d'une crème homogène. Laissez tourner le mixeur et ajoutez l'huile d'olive en filet pour faire épaissir l'aïoli. Ajoutez le poivron. Mixez pour obtenir une sauce onctueuse. (Vous pouvez préparer l'aïoli la veille de la dégustation et le conserver au réfrigérateur.)

Par portion *27 g de lipides (dont 5,3 g d'acides gras saturés) ; 327 kcal ; 13 g de glucides ; 5,6 g de protéines ; 6 g de fibres*

Note *Cette recette sera encore meilleure si vous la préparez avec un bouillon maison (voir page 113).*

Crème de patate douce et croûtons de pain au levain au romarin

Pour 6 personnes

Préparation 10 minutes + refroidissement • Cuisson 30 minutes

1 c. à s. d'huile d'olive
2 patates douces moyennes (800 g) grossièrement coupées
1 oignon brun moyen (150 g) grossièrement haché
2 gousses d'ail coupées en quatre
2 c. à c. de romarin frais grossièrement ciselé
1 c. à c. de zeste de citron finement râpé
500 ml de bouillon de légumes
500 ml d'eau
1 c. à s. de jus de citron
125 ml de crème

Croûtons de pain au levain au romarin

1 tranche de pain au levain
2 c. à c. d'huile d'olive
2 c. à c. de romarin frais finement haché

1. Faites chauffer l'huile dans une grande casserole puis faites revenir les patates douces, l'oignon et l'ail 10 minutes, en remuant. Ajoutez le romarin, le zeste de citron, le bouillon et l'eau. Portez à ébullition, couvrez et laissez mijoter 15 minutes. Laissez refroidir 15 minutes.

2. Pendant ce temps, préparez le pain au romarin.

3. Mixez la préparation en plusieurs fois pour obtenir une soupe onctueuse. Rincez la casserole, remettez la soupe dedans, ajoutez le jus de citron et réchauffez en mélangeant à feu moyen.

4. Versez dans des bols, ajoutez une touche de crème et servez avec les croûtons de pain au levain.

Croûtons de pain au levain au romarin Préchauffez le four à 180 °C, ou à 160 °C pour un four à chaleur tournante. Coupez le pain au levain en dés de 3 cm de côté. Dans un saladier, mélangez l'huile d'olive et le romarin. Ajoutez le pain et tournez pour bien l'enduire. Posez les croûtons sur une plaque allant au four et faites griller 15 minutes des deux côtés.

Par portion de soupe *12,3 g de lipides (dont 6,4 g d'acides gras saturés) ; 213 kcal ; 20,4 g de glucides ; 3,5 g de protéines ; 3,6 g de fibres*

Par portion de croûtons *13,5 g de lipides (dont 2 g d'acides gras saturés) ; 500 kcal ; 75,8 g de glucides ; 14,5 g de protéines ; 7,8 g de fibres*

Soupe de topinambour aux oignons caramélisés et chips de topinambour

Pour 4 personnes

Préparation 40 minutes + refroidissement • Cuisson 40 minutes

- 1 c. à s. de jus de citron
- 1 litre d'eau
- 10 topinambours moyens (600 g)
- 1 c. à s. d'huile d'olive
- 1 gros oignon brun (200 g) grossièrement haché
- 4 gousses d'ail écrasées
- 2 pommes de terre moyennes (400 g) grossièrement coupées
- 1 litre de bouillon de poulet

Oignons caramélisés

- 25 g de beurre
- 2 gros oignons bruns (400 g) émincés
- 2 c. à c. de sucre brun
- 1 c. à s. de vinaigre balsamique

Chips de topinambour

- 4 topinambours moyens (240 g) non pelés, émincés
- 1 c. à s. d'huile d'olive
- ½ c. à c. de sel
- ¼ de c. à c. de poivre noir moulu

1. Dans un saladier, mélangez le jus de citron et l'eau. Pelez les topinambours, coupez-les en gros morceaux et mettez-les dans l'eau citronnée.

2. Faites chauffer l'huile d'olive dans une grande casserole puis faites revenir l'oignon et l'ail, en remuant, jusqu'à ce que l'oignon devienne tendre. Ajoutez les morceaux de topinambour (après les avoir égouttés), les pommes de terre et le bouillon. Portez à ébullition, couvrez et laissez mijoter 20 minutes. Laissez refroidir 15 minutes.

3. Pendant ce temps, préparez les oignons caramélisés et les chips de topinambour.

4. Mixez la préparation en plusieurs fois pour obtenir une soupe onctueuse, puis réchauffez-la dans la même casserole.

5. Versez dans des bols et décorez avec les oignons caramélisés et les chips de topinambour.

Oignons caramélisés Faites fondre le beurre dans une casserole puis faites revenir les oignons 10 minutes à feu moyen, en remuant. Ajoutez le sucre et le vinaigre et faites cuire en tournant 10 minutes, ou jusqu'à ce que l'oignon soit caramélisé.

Chips de topinambour Préchauffez le four à 200 °C, ou à 180 °C pour un four à chaleur tournante. Mélangez les ingrédients dans un saladier, puis étalez les tranches de topinambour sur une grille posée sur une plaque allant au four et enfournez sans couvrir pour 20 minutes, ou jusqu'à ce que les chips soient croustillantes.

Par portion *15,4 g de lipides (dont 4,9 g d'acides gras saturés) ; 318 kcal ; 29,7 g de glucides ; 10,4 g de protéines ; 10,1 g de fibres*

Soupe de tomate épicée, raviolis à la ricotta et pesto à la roquette

Pour 4 personnes

Préparation 40 minutes + réfrigération et refroidissement
Cuisson 40 minutes

- 80 g de ricotta
- 2 c. à s. de parmesan finement râpé
- 2 feuilles de lasagne fraîches (100 g)
- 1 œuf légèrement battu
- 1 c. à s. d'huile d'olive
- 1 gros oignon brun (200 g) grossièrement haché
- 1 gousse d'ail écrasée
- 1 petit piment rouge thaï frais finement haché
- 700 g de tomates allongées épépinées et grossièrement hachées
- 2 branches de céleri parées (200 g) grossièrement hachées
- 500 ml de bouillon de légumes
- 410 g de purée de tomate en conserve

Pesto à la roquette

- 20 g de petites feuilles de roquette
- 35 g de pistaches grillées non salées
- 20 g de parmesan grossièrement râpé
- 1 gousse d'ail coupée en quatre
- 2 c. à s. d'huile d'olive
- 1 c. à s. de jus de citron
- 1 c. à s. d'eau

1. Mélangez la ricotta et le parmesan dans un saladier. Coupez chaque feuille de lasagne en 24 carrés. Déposez ½ cuillerée à café de fromage au centre de 24 des carrés, enduisez leurs bords d'œuf battu et recouvrez chaque carré garni avec l'un des carrés restants. Appuyez sur les bords des raviolis, déposez ces derniers côte à côte sur un plateau, couvrez et placez au réfrigérateur pendant 20 minutes.

2. Pendant ce temps, faites chauffer l'huile d'olive dans une grande casserole et faites revenir l'oignon, l'ail et le piment, en remuant, jusqu'à ce que l'oignon soit tendre. Ajoutez les tomates, le céleri et le bouillon. Portez à ébullition, couvrez et laissez mijoter 20 minutes. Laissez refroidir 20 minutes.

3. Préparez le pesto à la roquette.

4. Mixez la préparation en plusieurs fois pour obtenir une soupe onctueuse. Rincez la casserole puis remettez la soupe dedans. Ajoutez la purée de tomate. Portez à ébullition et laissez mijoter 10 minutes à découvert.

5. Pendant ce temps, faites cuire les raviolis dans une grande casserole d'eau bouillante salée, jusqu'à ce qu'ils remontent à la surface de l'eau. Égouttez les raviolis puis ajoutez-les à la soupe.

6. Versez dans des bols et déposez un peu de pesto sur les raviolis.

Pesto à la roquette Mixez grossièrement ensemble la roquette, les pistaches, le parmesan et l'ail. Sans arrêter le mixeur, ajoutez l'huile d'olive en filet jusqu'à obtention d'une pâte épaisse. Ajoutez le jus de citron et l'eau.

Par portion *25,1 g de lipides (dont 6,1 g d'acides gras saturés) ; 434 kcal ; 32,6 g de glucides ; 15,8 g de protéines ; 8,2 g de fibres*

Crème d'épinard et toasts à la feta citronnée

Pour 6 personnes

Préparation 20 minutes + refroidissement • Cuisson 35 minutes

40 g de beurre
1 oignon brun (200 g) finement haché
2 gousses d'ail écrasées
3 pommes de terre moyennes (600 g) grossièrement coupées
750 ml de bouillon de poulet
1 litre d'eau
250 g d'épinards parés grossièrement hachés
180 ml de crème

Toasts à la feta citronnée
150 g de feta
1 c. à c. de zeste de citron finement râpé
1 baguette
1 c. à c. de zeste de citron finement râpé supplémentaire

1. Faites fondre le beurre dans une casserole puis faites revenir l'oignon et l'ail, en remuant, jusqu'à ce que l'oignon devienne tendre. Ajoutez les pommes de terre, le bouillon et l'eau. Portez à ébullition, couvrez et laissez mijoter 15 minutes. Ajoutez les épinards puis laissez refroidir 15 minutes.

2. Pendant ce temps, préparez les toasts à la feta citronnée.

3. Mixez la préparation en plusieurs fois pour obtenir une soupe onctueuse. Rincez la casserole et remettez la soupe dedans, puis ajoutez la crème et réchauffez à feu moyen sans cesser de tourner.

4. Servez la soupe dans des bols, accompagnée des toasts à la feta citronnée.

Toasts à la feta citronnée Préchauffez le gril du four. Mélangez la feta et 1 cuillerée à café de zeste de citron. Coupez la baguette en tranches de 1,5 cm d'épaisseur et jetez ses extrémités. Faites griller les tranches d'un côté, puis saupoudrez l'autre côté de feta et ajoutez 1 autre cuillerée à café de zeste de citron. Faites dorer sous le gril.

Par portion de soupe *19 g de lipides (dont 12,3 g d'acides gras saturés) ; 258 kcal ; 15,3 g de glucides ; 5,1 g de protéines ; 3,6 g de fibres*

Par portion de toasts *6,6 g de lipides (dont 3,9 g d'acides gras saturés) ; 131 kcal ; 11,1 g de glucides ; 6,3 g de protéines ; 0,8 g de fibres*

Note *Cette recette sera encore meilleure si vous la préparez avec un bouillon maison (voir page 112). Vous aurez besoin de 1 kg d'épinards non parés pour obtenir les 250 g de feuilles nécessaires à cette recette.*

Soupe de miso au tofu et aux épinards

Cette recette a été réalisée avec du tofu teriyaki, tofu parfumé prêt à l'emploi qui a mariné dans de la sauce soja et du vin de riz. Vous trouverez du tofu aromatisé à différents parfums aux rayons frais de la plupart des supermarchés et des épiceries asiatiques. Le miso jaune (« shinshu ») est une pâte de soja fermenté jaune foncé au goût salé et acide, qui convient à de nombreux emplois.

Pour 4 personnes

Préparation 10 minutes • Cuisson 10 minutes

1,5 litre d'eau
75 g de miso jaune
1 c. à s. de sauce soja japonaise
15 g de gingembre frais râpé
100 g de nouilles soba sèches
200 g de tofu mariné coupé en dés de 2 cm de côté
4 ciboules émincées
100 g de petites feuilles d'épinard
1 long piment rouge frais émincé

1. Versez l'eau dans une casserole, ajoutez le miso, la sauce soja et le gingembre et portez à ébullition. Ajoutez les nouilles, portez de nouveau à ébullition puis laissez cuire 3 minutes, ou jusqu'à ce que les nouilles soient juste tendres.

2. Ôtez du feu, ajoutez le tofu, les ciboules et les feuilles d'épinard. Remuez doucement jusqu'à ce que les épinards commencent à flétrir.

3. Versez la soupe dans des bols et saupoudrez de piment.

Par portion *4,9 g de lipides (dont 0,7 g d'acides gras saturés) ; 192 kcal ; 22,9 g de glucides ; 12,1 g de protéines ; 3,8 g de fibres*

Crème de betterave et boulettes de fromage de chèvre à la ciboulette

Pour 4 personnes

Préparation 25 minutes + refroidissement • Cuisson 50 minutes

30 g de beurre
1 c. à s. d'huile d'olive
1 gros oignon brun (200 g) grossièrement haché
2 gousses d'ail écrasées
1 c. à c. de paprika doux
125 ml de vin blanc sec
5 betteraves moyennes (1,5 kg) parées, pelées et coupées en gros morceaux
1 litre de bouillon de poulet
180 ml de crème
2 c. à c. de ciboulette fraîche grossièrement hachée

Boulettes de fromage de chèvre à la ciboulette

110 g de fromage de chèvre
2 jaunes d'œufs
50 g de farine à levure incorporée
35 g de parmesan finement râpé
1 c. à s. de ciboulette fraîche finement hachée

1. Faites chauffer le beurre et l'huile d'olive dans une casserole puis faites revenir l'oignon et l'ail, en remuant. Ajoutez le paprika et continuez à remuer jusqu'à ce que le mélange soit bien odorant. Ajoutez le vin et faites réduire de moitié, pendant 2 minutes. Ajoutez les betteraves et le bouillon. Portez à ébullition puis laissez mijoter, en remuant de temps en temps, 40 minutes. Laissez refroidir 15 minutes.

2. Préparez les boulettes de fromage de chèvre à la ciboulette.

3. Mixez la préparation en plusieurs fois pour obtenir une soupe onctueuse, puis rincez la casserole et remettez la soupe dedans. Ajoutez la crème et réchauffez en remuant, à feu moyen.

4. Versez dans des bols puis ajoutez les boulettes de fromage de chèvre et la ciboulette hachée.

Boulettes de fromage de chèvre à la ciboulette Dans un saladier, mélangez le fromage de chèvre, les jaunes d'œufs, la farine, le parmesan et la ciboulette fraîche. À l'aide de 2 cuillères à soupe, déposez des boulettes du mélange dans une casserole d'eau frémissante et faites cuire 5 minutes. Récupérez les boulettes avec une écumoire et posez-les sur du papier absorbant.

Par portion de soupe *31,6 g de lipides (dont 18,1 g d'acides gras saturés) ; 500 kcal ; 33,5 g de glucides ; 10,8 g de protéines ; 11,1 g de fibres*

Par portion de boulettes *9,6 g de lipides (dont 5,2 g d'acides gras saturés) ; 156 kcal ; 8,5 g de glucides ; 9 g de protéines ; 0,5 g de fibres*

Soupe à l'oignon et croûtons au gruyère

Pour 4 personnes

Préparation 30 minutes • Cuisson 50 minutes

50 g de beurre
4 gros oignons bruns (800 g) coupés en deux puis émincés
180 ml de vin blanc sec
750 ml d'eau
1 litre de bouillon de bœuf
1 feuille de laurier
1 c. à s. de farine
1 c. à c. de feuilles de thym frais

Croûtons au gruyère
1 baguette
60 g de gruyère finement râpé

1. Faites fondre le beurre dans une casserole puis faites revenir les oignons, en remuant, 30 minutes jusqu'à ce qu'ils soient caramélisés.

2. Pendant ce temps, versez le vin dans une autre casserole et faites-le bouillir pendant 1 minute. Ajoutez l'eau, le bouillon et le laurier et portez de nouveau à ébullition. Ôtez du feu.

3. Incorporez la farine aux oignons caramélisés et faites cuire en remuant 2 minutes. Ajoutez progressivement le bouillon chaud, sans cesser de remuer, jusqu'à ce que la soupe se mette à bouillir et à épaissir. Baissez le feu et laissez mijoter 20 minutes, en remuant de temps en temps. Jetez le laurier et ajoutez le thym.

4. Pendant ce temps, préparez les croûtons au gruyère.

5. Servez dans des bols, en plaçant les croûtons sur la soupe.

Croûtons au gruyère Préchauffez le gril du four. Coupez la baguette en tranches de 1,5 cm d'épaisseur et éliminez ses extrémités. Faites griller les tranches d'un côté puis saupoudrez l'autre côté de gruyère râpé. Faites gratiner sous le gril.

Par portion de soupe *1,1 g de lipides (dont 0,7 g d'acides gras saturés) ; 23 kcal ; 1,4 g de glucides ; 1 g de protéines ; 0,3 g de fibres*

Par portion de croûtons *5,7 g de lipides (dont 3 g d'acides gras saturés) ; 149 kcal ; 16,6 g de glucides ; 7,1 g de protéines ; 1,2 g de fibres*

Note *Cette recette sera encore meilleure si vous la préparez avec un bouillon maison (voir page 112).*

Gaspacho

Le gaspacho est une soupe glacée originaire d'Andalousie, province du Sud de l'Espagne aux étés particulièrement chauds. Il est encore meilleur quand il est préparé la veille et conservé au réfrigérateur pour faire ressortir toutes ses saveurs.

Pour 4 personnes

Préparation 25 minutes + réfrigération

750 ml de jus de tomate
8 tomates allongées moyennes (600 g) grossièrement hachées
1 oignon rouge moyen (170 g) grossièrement haché
1 gousse d'ail coupée en quatre
1 concombre libanais (130 g) grossièrement haché
1 petit poivron rouge (150 g) grossièrement haché
2 c. à c. de Tabasco
4 ciboules finement hachées
½ concombre libanais (65 g) épépiné et grossièrement haché
½ petit poivron jaune (75 g) finement haché
2 c. à c. d'huile d'olive
1 c. à s. de vodka
2 c. à s. de coriandre fraîche finement ciselée

1. Mixez ensemble le jus de tomate, les tomates, l'oignon, l'ail, le concombre, le poivron et le Tabasco pour obtenir une purée. Passez la préparation au chinois au-dessus d'un grand récipient, couvrez puis placez 3 heures au réfrigérateur.

2. Mélangez les ingrédients restants dans un saladier.

3. Versez le gaspacho dans des bols et agrémentez du mélange.

Par portion *2,6 g de lipides (dont 0,3 g d'acides gras saturés) ; 134 kcal ; 17,7 g de glucides ; 4,7 g de protéines ; 5,2 g de fibres*

Soupe épicée à la coriandre et aux haricots

De nombreux supermarchés vendent des mélanges variés de légumes secs et de graines prêts à l'emploi spécialement conçus pour faire des soupes.

Pour 4 personnes

Préparation 10 minutes + refroidissement • Cuisson 1 h 20

1 c. à s. de graines de coriandre
1 c. à s. de graines de cumin
1 c. à s. de beurre clarifié
6 gousses d'ail écrasées
2 petits piments thaïs rouges frais finement hachés
250 g de mélange de haricots pour soupe
1 litre de bouillon de poulet
875 ml d'eau
60 g de coriandre fraîche grossièrement hachée
95 g de yaourt grec
1 c. à s. de chutney de mangue

1. Faites griller les graines de coriandre et de cumin à sec dans une casserole, en remuant, jusqu'à ce qu'elles soient bien odorantes, puis pilez-les dans un mortier.

2. Faites fondre le beurre clarifié dans la même casserole puis faites revenir les graines pilées, l'ail et les piments 5 minutes en remuant.

3. Ajoutez le mélange de haricots, le bouillon et l'eau. Portez à ébullition, couvrez et laissez mijoter 1 heure en remuant de temps en temps. Laissez refroidir 15 minutes.

4. Mixez la moitié de la préparation pour obtenir une soupe onctueuse. Remettez la soupe mixée dans la casserole, avec la soupe non mixée, et réchauffez à feu moyen sans cesser de remuer. Ôtez du feu et ajoutez la coriandre.

5. Versez dans des bols et ajoutez une touche de yaourt et de chutney de mangue.

Par portion *7,9 g de lipides (dont 4,6 g d'acides gras saturés) ; 323 kcal ; 49,7 g de glucides ; 11,4 g de protéines ; 3 g de fibres*

Crème de champignons et pancetta

Pour 4 personnes

Préparation 30 minutes + trempage et refroidissement
Cuisson 40 minutes

10 g de cèpes séchés
250 ml d'eau bouillante
40 g de beurre
1 oignon brun moyen (150 g) grossièrement haché
1 petit poireau (200 g) émincé
250 g de champignons de Paris coupés en tranches épaisses
80 ml de vin blanc sec
750 ml de bouillon de poulet
1 grosse pomme de terre (300 g) coupée en morceaux
300 ml de crème
2 c. à s. d'estragon frais grossièrement ciselé
6 tranches de pancetta (80 g)

1. Faites tremper les cèpes dans un grand récipient rempli d'eau bouillante pendant 30 minutes, puis égouttez-les en réservant l'eau de trempage et coupez-les en gros morceaux.

2. Pendant ce temps, faites fondre le beurre dans une casserole puis faites revenir l'oignon et le poireau, en remuant, jusqu'à ce qu'ils soient tendres. Ajoutez les champignons de Paris et faites cuire en tournant 10 minutes, jusqu'à ce que le liquide commence à s'évaporer. Ajoutez le vin et continuez à remuer 5 minutes, jusqu'à ce que le liquide ait réduit de moitié. Ajoutez l'eau de trempage des cèpes, le bouillon et la pomme de terre. Portez à ébullition puis laissez mijoter 10 minutes. Ôtez du feu et laissez refroidir 15 minutes.

3. Mixez la préparation pour obtenir une soupe onctueuse puis rincez la casserole et remettez la soupe dedans. Portez à ébullition. Ajoutez la crème, baissez le feu et réchauffez à feu moyen, sans cesser de tourner. Ôtez du feu et incorporez l'estragon.

4. Pendant ce temps, faites frire les tranches de pancetta dans une poêle puis égouttez-les sur du papier absorbant.

5. Versez la soupe dans des bols et parsemez de morceaux de cèpe et de pancetta émiettée.

Par portion *44,9 g de lipides (dont 28,4 g d'acides gras saturés) ; 533 kcal ; 15,6 g de glucides ; 13 g de protéines ; 4 g de fibres*

Note *Cette recette sera encore meilleure si vous la préparez avec un bouillon maison (voir page 112).*

Recettes express à base de soupes du commerce

Consommé asiatique au bœuf

Pour 4 personnes

Préparation 15 minutes • Cuisson 30 minutes

1 c. à s. d'huile d'arachide
300 g de bœuf coupé en lanières
1 piment rouge thaï haché
1 ou 2 c. à c. de gingembre frais râpé
1 litre de consommé
ou de bouillon de bœuf tout prêt
125 g de vermicelles de soja
1 mini-bok choy coupé en gros morceaux
2 c. à s. de jus de citron vert

Faites chauffer l'huile d'arachide dans une casserole. Quand elle est très chaude, ajoutez le bœuf, le piment et le gingembre. Faites cuire jusqu'à ce que le bœuf ait bruni. Ajoutez le consommé ou le bouillon de bœuf. Portez à ébullition puis couvrez et laissez mijoter 30 minutes. Pendant ce temps, faites tremper 125 g de vermicelles de soja 5 minutes dans un bol rempli d'eau bouillante, puis égouttez-les et répartissez-les dans 4 bols. Ajoutez à la soupe le mini-bok choy et le jus de citron vert. Réchauffez jusqu'à ce que le bok choy commence à flétrir, puis versez la soupe sur les vermicelles.

Soupe de bœuf aux légumes et boulettes de pomme de terre

Pour 4 personnes

Préparation 20 minutes • Cuisson 20 minutes

1 pomme de terre
1 jaune d'œuf
3 c. à c. de ciboulette hachée
2 c. à s. de farine
2 c. à s. de cheddar ou de gruyère râpé
100 g de chapelure
60 ml d'huile végétale
1 litre de soupe de bœuf aux légumes
ou de bouillon tout prêt
250 ml d'eau

Faites cuire la pomme de terre à l'eau bouillante puis écrasez-la avec le jaune d'œuf, la ciboulette, la farine et le cheddar râpé. Façonnez des boulettes de pomme de terre à l'aide de 2 cuillères à soupe, puis roulez-les dans de la chapelure. Faites chauffer l'huile végétale dans une poêle, puis faites frire les boulettes. Égouttez-les sur du papier absorbant. Dans une casserole, faites chauffer la soupe au bœuf et l'eau, sans faire bouillir. Versez dans des bols et servez avec les boulettes de pomme de terre.

Soupe thaïlandaise au poulet, au potiron et au lait de coco

Pour 4 personnes

Préparation 15 minutes • Cuisson 15 minutes

1 poulet rôti de 900 g environ
4 c. à s. de pâte de curry rouge
850 ml de velouté de potiron tout prêt
800 ml de lait de coco
375 ml de bouillon de poulet
4 ciboules émincées
15 g de feuilles de basilic grossièrement hachées

Éliminez la peau et les os du poulet et détaillez sa chair en gros morceaux. Faites chauffer la pâte de curry dans une casserole, jusqu'à ce qu'elle soit bien odorante. Ajoutez le velouté de potiron, le lait de coco et le bouillon de poulet. Portez à ébullition. Ajoutez les morceaux de poulet, baissez le feu et faites cuire à feu moyen en remuant. Juste avant de servir, saupoudrez de ciboule et de basilic.

Soupe de poulet au maïs

Pour 4 personnes

Préparation 20 minutes • Cuisson 20 minutes

1 poulet rôti de 900 g environ
1 c. à c. d'huile végétale
1 c. à c. de gingembre fraîchement râpé
2 piments verts émincés
1 litre de soupe de maïs au poulet toute prête
625 ml d'eau
1 blanc d'œuf
1 c. à c. d'eau froide
2 ciboules émincées

Éliminez la peau et les os du poulet et détaillez sa chair en gros morceaux. Faites chauffer l'huile végétale dans une casserole, puis faites revenir le gingembre et les piments pendant 2 minutes. Ajoutez la soupe de maïs au poulet, l'eau et les morceaux de poulet. Portez à ébullition puis laissez mijoter. Dans un saladier, battez le blanc d'œuf avec l'eau froide, puis incorporez-le lentement à la soupe en remuant constamment. Versez dans des bols et saupoudrez de ciboule.

Soupe marocaine aux légumes et à la harissa

Pour 4 personnes

Préparation 10 minutes • Cuisson 15 minutes

2 c. à c. d'huile d'olive
2 gousses d'ail écrasées
25 g de semoule
2 c. à s. de harissa
250 g de tomates cerises coupées en deux
850 ml de soupe de légumes du commerce
625 ml d'eau
35 g de pignons de pin grillés
15 g de coriandre fraîche finement hachée

Faites chauffer l'huile d'olive dans une casserole. Ajoutez l'ail et remuez jusqu'à ce qu'il soit bien odorant. Ajoutez la semoule, la harissa et les tomates cerises et chauffez à feu moyen, en remuant, pendant 1 minute. Versez la soupe de légumes et l'eau. Portez à ébullition puis laissez mijoter 5 minutes, jusqu'à ce que la semoule soit cuite. Versez dans des bols et décorez avec les pignons de pin et la coriandre.

Soupe italienne à la tomate, aux haricots et au basilic

Pour 4 personnes

Préparation 15 minutes • Cuisson 15 minutes

2 c. à c. d'huile d'olive
1 oignon moyen haché
2 gousses d'ail écrasées
20 g de feuilles de basilic frais
420 ml de velouté de tomate tout prêt
430 ml d'eau
85 g de chair de poivron rouge rôti
425 g de haricots blancs en conserve, rincés et égouttés
80 ml de crème
15 g de petites feuilles de basilic frais

Faites chauffer l'huile d'olive dans une poêle puis faites revenir l'oignon, l'ail et les feuilles de basilic, en remuant, jusqu'à ce que l'oignon devienne tendre. Mixez avec le velouté de tomate, l'eau et la chair de poivron. Versez la préparation dans la casserole, ajoutez les haricots blancs. Faites bouillir puis laissez mijoter 5 minutes. Ajoutez la crème, versez dans des bols et saupoudrez de petites feuilles de basilic.

Soupe de pomme de terre au bacon et au poireau et toasts au bleu

Pour 4 personnes

Préparation 15 minutes • Cuisson 15 minutes

1 baguette
150 g de fromage bleu émietté
2 c. à s. de ciboule émincée
2 tranches de bacon sans couenne
2 ciboules finement hachées
2 gousses d'ail écrasées
1 litre de soupe de pomme de terre et de poireau toute prête
125 ml de lait
60 ml d'eau

Préchauffez le gril du four puis coupez la baguette en 10 tranches de même épaisseur et éliminez ses extrémités. Faites griller l'un des côtés de chaque tranche, puis saupoudrez l'autre de fromage bleu et de fines tranches de ciboule. Placez sous le gril jusqu'à ce que le fromage fonde. Hachez les tranches de bacon et faites-les brunir dans une casserole avant d'ajouter les ciboules finement hachées et l'ail. Faites cuire 5 minutes en remuant. Ajoutez la soupe de pomme de terre et de poireau, le lait et l'eau. Réchauffez en remuant puis servez avec les toasts.

Soupe de potiron et graines de citrouille pimentées

Pour 4 personnes

Préparation 10 minutes • Cuisson 10 minutes

75 g de graines de citrouille grillées
1 c. à c. de flocons de piment séché
1 c. à c. de zeste de citron finement râpé
2 c. à c. d'huile d'olive
1 litre de soupe de potiron toute prête

Préchauffez le four à 180 °C, ou à 160 °C pour un four à chaleur tournante. Dans un saladier, mélangez les graines de citrouille, les flocons de piment séché, le zeste de citron et l'huile d'olive. Placez le mélange sur une plaque allant au four et enfournez sans couvrir pour 25 minutes. Faites chauffer la soupe de potiron dans une casserole en remuant. Versez la soupe dans des bols et saupoudrez de graines de citrouille pimentées.

Les bouillons

Les recettes qui suivent peuvent être préparées 4 jours à l'avance et conservées dans un récipient fermé au réfrigérateur, ou stockées au congélateur pendant 3 mois.

Bouillon de bœuf

Pour 3,5 litres de bouillon

Préparation 10 minutes + refroidissement
Cuisson 5 heures

2 kg d'os de bœuf avec de la viande dessus
2 oignons bruns moyens (300 g) grossièrement hachés
5,5 litres d'eau
2 branches de céleri parées (200 g) coupées en gros morceaux
2 carottes moyennes (240 g) grossièrement hachées
3 feuilles de laurier
2 c. à c. de grains de poivre noir
3 litres d'eau supplémentaires

1. Préchauffez le four à 200 °C, ou à 180 °C pour un four à chaleur tournante.

2. Posez les os de bœuf sur une plaque allant au four et faites-les rôtir 1 heure, ou jusqu'à ce qu'ils brunissent.

3. Mettez les os dans une grande casserole et ajoutez les oignons, l'eau, le céleri, les carottes, le laurier et le poivre. Portez à ébullition, baissez le feu et laissez mijoter 3 heures sans couvrir, en dégraissant régulièrement le bouillon. Ajoutez le reste de l'eau et faites mijoter 1 heure à découvert. Passez le bouillon au chinois au-dessus d'un grand récipient résistant à la chaleur et jetez les résidus solides. Laissez refroidir, couvrez et placez au réfrigérateur. Dégraissez avant emploi.

Pour 250 ml *2 g de lipides (dont 0,9 g d'acides gras saturés) ; 62 kcal ; 2,3 g de glucides ; 8 g de protéines ; 1,1 g de fibres*

Bouillon de poulet

Pour 3,5 litres de bouillon

Préparation 10 minutes + refroidissement
Cuisson 2 heures

2 kg d'os de poulet
2 oignons moyens (300 g) grossièrement hachés
2 branches de céleri parées (200 g) grossièrement hachées
2 carottes moyennes (240 g) grossièrement hachées
3 feuilles de laurier
2 c. à c. de grains de poivre noir
5 litres d'eau

Mélangez tous les ingrédients dans une grande casserole et portez à ébullition. Laissez mijoter 2 heures à découvert, en dégraissant régulièrement. Passez le bouillon au chinois au-dessus d'un grand récipient résistant à la chaleur et jetez les résidus solides. Laissez refroidir, couvrez et conservez au réfrigérateur. Dégraissez avant emploi.

Pour 250 ml *0,6 g de lipides (dont 0,2 g d'acides gras saturés) ; 25 kcal ; 2,3 g de glucides ; 1,9 g de protéines ; 1,1 g de fibres*

Bouillon de poisson

Pour 2,5 litres de bouillon

Préparation 5 minutes + refroidissement
Cuisson 20 minutes

1,5 kg d'arêtes de poisson
3 litres d'eau
1 oignon moyen (150 g) grossièrement haché
2 branches de céleri parées (200 g) grossièrement hachées
2 feuilles de laurier
1 c. à c. de grains de poivre noir

Mélangez tous les ingrédients dans une grande casserole. Portez à ébullition, puis laissez mijoter 20 minutes à découvert. Passez le bouillon au chinois au-dessus d'un grand récipient résistant à la chaleur et jetez les résidus solides. Laissez refroidir, couvrez et conservez au réfrigérateur. Dégraissez avant emploi.

Pour 250 ml *0,2 g de lipides (dont 0,1 g d'acides gras saturés) ; 15 kcal ; 1,1 g de glucides ; 1,9 g de protéines ; 0,6 g de fibres*

Bouillon de légumes

Pour 3,5 litres de bouillon

Préparation 10 minutes + refroidissement
Cuisson 1 h 30

2 grosses carottes (360 g) grossièrement hachées
2 gros navets (700 g) grossièrement hachés
4 oignons moyens (600 g) grossièrement hachés
10 branches de céleri parées (1 kg) grossièrement hachées
4 feuilles de laurier
2 c. à c. de grains de poivre noir
6 litres d'eau

Mélangez tous les ingrédients dans une grande casserole. Portez à ébullition, puis laissez mijoter 1 h 30 à découvert. Passez le bouillon au chinois au-dessus d'un grand récipient résistant à la chaleur et jetez les résidus solides. Laissez refroidir, couvrez et conservez au réfrigérateur. Dégraissez avant emploi.

Pour 250 ml *0,2 g de lipides (dont 0 g d'acides gras saturés) ; 36 kcal ; 5,7 g de glucides ; 1,4 g de protéines ; 2,9 g de fibres*

Glossaire

ANIS ÉTOILÉ cosse en forme d'étoile, au goût anisé prononcé.

BABEURRE liquide obtenu à l'origine en séparant la crème du lait, vendu au rayon frais dans les épiceries et les grandes surfaces. De nos jours, il est fabriqué par culture bactérienne, comme le yaourt.

BACON fine tranche de porc fumé et salé.

BETTERAVE plante cultivée pour sa grosse racine rouge, ronde et ferme.

BEURRE CLARIFIÉ beurre fondu dont on a retiré l'écume, qui a la particularité de pouvoir chauffer à des températures élevées sans brûler.

BOK CHOY chou chinois blanc, également appelé pak choy, dont les feuilles ont un léger goût de moutarde. Les mini-bok choy sont plus tendres que les gros.

CANARD RÔTI CHINOIS canard préparé selon une recette traditionnelle chinoise, cuit dans un four spécial après avoir mariné dans un mélange sucré fait de sauce soja, de xérès, de cinq-épices et de sauce hoisin. Vendu dans les épiceries asiatiques.

CHAMPIGNONS

cèpe séché champignon parfumé à la saveur de noisette prononcée. À réhydrater avant emploi.

champignon noir séché caractérisé par une texture croquante. Son manque de saveur est compensé par sa faculté à absorber les assaisonnements lors de la cuisson.

crimini champignon brun clair à foncé à la saveur corsée, qui peut être remplacé par le champignon de Paris.

shiitaké champignon chinois grand et charnu, au goût de terre et de champignon sauvage, aussi appelé « champignon noir », « champignon parfumé », « lentin » ou « lentin du chêne ». À utiliser frais ou à réhydrater s'il est séché.

volvaire champignon à la saveur terreuse intense, difficile à trouver frais mais qui s'achète facilement en conserve dans les épiceries asiatiques.

CHOY SUM chou chinois, appartenant à la famille du bok choy, pourvu de longues tiges, de feuilles vert clair et de fleurs jaunes, dont toutes les parties sont comestibles.

CIABATTA pain blanc italien à croûte croquante, qui doit son nom (« chausson » en italien) à sa forme plate et allongée.

CITRONNELLE herbe aromatique assez haute qui sent le citron, dont la partie blanche de la tige est utilisée en cuisine.

COMBAVA, FEUILLE DE feuille de citronnier kaffir, vert foncé, en forme de sablier composé de 2 feuilles rondes. Vous pouvez la remplacer par des lanières de zeste de citron vert frais.

CORIANDRE herbe aromatique à feuilles vert vif et à la saveur citronnée et anisée, vendue aussi sous forme de graines, entières ou moulues.

COURGETTE petite courge de forme allongée.

CUMIN plante aromatique.

CURRY, FEUILLE DE feuille aromatique vendue séchée ou fraîche (dans les épiceries indiennes), à ôter avant de servir.

CURRY, PÂTE DE

rouge probablement la pâte de curry la plus populaire. Son mélange épicé de différentes saveurs accompagne à merveille le porc, le canard, le poisson et les fruits de mer. Peut aussi servir à préparer des marinades et des sauces.

verte particulièrement appropriée aux currys de poulet et de légumes, c'est la pâte de curry thaïlandaise traditionnelle la plus épicée. Elle est également parfaite pour relever les nouilles sautées.

FENOUIL plante aromatique au goût proche de l'anis, dont les graines séchées ont un goût de réglisse.

FROMAGES

bleu fromage moulé marbré de nervures bleues.

de chèvre fromage au goût terreux à pâte tendre, friable ou dure, qui peut avoir différentes formes et tailles.

feta fromage de chèvre ou de brebis au goût âpre et salé.

gruyère fromage suisse à croûte dure, émaillé de petits trous, au goût de noisette légèrement salé.

parmesan fromage dur et sec au goût marqué, fait à partir de lait écrémé ou demi-écrémé et âgé d'au moins 1 an.

provolone fromage à pâte filée jaune clair, recouvert d'une couche de cire, qui ressemble à la mozzarella quand il est jeune. Il durcit et acquiert un goût plus corsé et une consistance plus granuleuse avec le temps.

ricotta fromage blanc léger à pâte fraîche légèrement granuleuse, au goût sucré, fait avec du lait de chèvre, de brebis ou de vache.

GALANGA racine séchée d'une plante de la famille du gingembre.

GERME DE SOJA nom donné en Europe au germe du haricot mungo, prêt à être consommé après quelques jours de germination et commercialisé frais ou en conserve.

GOMBO plante à longues cosses vertes nervurées et à peau duveteuse, également appelée « okra ».

HARICOT MANGE-TOUT haricot dont on mange la cosse. Les jeunes pousses de la plante prennent la forme de vrilles.

HARISSA sauce pimentée originaire d'Afrique du Nord, vendue dans la plupart des épiceries et grandes surfaces, composée de piment rouge séché, d'ail, d'huile d'olive et de graines de carvi.

LENTILLE VERTE les lentilles vertes, comme les lentilles du Puy, ont une saveur terreuse et un goût de noisette. Elles supportent la cuisson sans trop se ramollir.

MAÏZENA fécule de maïs employée comme épaississant.

MENTHE VIETNAMIENNE ce n'est pas à proprement parler une variété de menthe, mais un membre de la famille du sarrasin à feuilles étroites et à la saveur poivrée.

MOULE À ROULÉ moule rectangulaire peu profond, d'environ 20 x 30 cm de côté et 3 cm de profondeur.

NOUILLES

de riz aussi appelées « sen lek »,« ho fun » ou « kway teow ». Fines ou plus épaisses, toutes doivent être trempées dans de l'eau chaude jusqu'à ce qu'elles soient tendres.

soba nouilles japonaises fines de couleur brun pâle, faites avec de la farine de sarrasin et de la farine de blé. Vendues fraîches ou séchées.

udon nouilles de blé japonaises assez larges, blanches, vendues fraîches ou séchées.

vermicelles de riz identiques aux vermicelles de soja, mais plus longues et faites avec de la farine de riz au lieu de fécule de haricot mungo.

NUOC-MÂM sauce au poisson également appelée « nam pla », à base de poisson fermenté (généralement des anchois). À utiliser avec parcimonie en raison de son odeur forte et de son goût marqué.

ŒUF certaines des recettes présentées dans ce livre requièrent l'emploi d'œufs crus, à choisir avec une extrême prudence si des cas de salmonellose ont été signalés dans votre région.

ORGE PERLÉ orge dont les grains ont été décortiqués et polis, comme ceux du riz blanc.

PANCETTA viande de porc salée qui peut être remplacée par du bacon.

PAPRIKA piment doux séché et moulu, doux ou plus épicé.

PÂTE FEUILLETÉE pâte culinaire vendue en feuilles prêtes à l'emploi, au rayon frais ou surgelés des épiceries et des grandes surfaces.

PÂTISSON variété de courge ronde, légèrement aplatie, jaune à vert pâle, bordée de dentelures arrondies.

PERSIL PLAT également connu sous le nom de persil italien, on le distingue du persil frisé.

POIS CHICHE légume sec couleur sable.

POIVRE DE CAYENNE piment rouge long et fin très épicé, généralement vendu séché et moulu.

POIVRON plante potagère cultivée pour ses fruits colorés (rouge, jaune, vert, orange ou violet foncé). Éliminez les graines et les membranes blanches situées à l'intérieur lors de sa préparation.

POLENTA farine de maïs séché et nom d'une bouillie ou d'une galette traditionnelle faite avec.

POUSSE DE BAMBOU partie tendre des jeunes pousses de la plante, vendue en conserve. Égouttez et rincez avant usage.

ROQUETTE variété de salade verte au goût poivré.

SAUCE HOISIN sauce chinoise épaisse à la fois sucrée et épicée, composée de graines de soja fermentées, d'oignon et d'ail.

SAUCE SOJA sauce à base de graines de soja fermentées.

SAUCISSES

chorizo saucisson pimenté d'origine espagnole, fait de porc grossièrement haché, d'ail et de piment.

merguez saucisse épicée généralement à l'agneau, d'origine tunisienne, reconnaissable à sa couleur rouge.

SUCRE

de palme sucre extrait de la sève du palmier à sucre, brun clair à noir, généralement vendu en bloc. Il peut éventuellement être remplacé par du sucre brun.

en poudre existe en différentes finesses.

TABASCO nom de la marque d'une sauce piquante très forte faite de vinaigre, de piment rouge fort et de sel.

TAMARIN, CONCENTRÉ DE pâte de tamarin obtenue en distillant de la pulpe de tamarin. À employer telle quelle ou diluée avec de l'eau, en fonction du goût recherché.

VIN DE CUISSON CHINOIS vin concocté à partir de riz, de blé, de sucre, de sel et d'alcool, vendu dans les épiceries chinoises. On peut le remplacer par du mirin (vin de riz doux) ou du xérès.

WON TON, FEUILLE DE feuille culinaire prête à l'emploi composée d'eau et de farine. On peut la remplacer par des feuilles de riz.

Index

marabout**chef**

TESTÉ 3 FOIS

Vous avez choisi "soupes", découvrez également :

Et aussi :

ENTRE AMIS
Apéros & mini-bouchées
Best-of cakes
Best-of verrines

RAPIDES
Recettes au micro-ondes
Recettes de filles
Salades pour changer

CUISINE DU MONDE
Recettes chinoises
À l'italienne
Cuisiner grec
Easy wok

CLASSIQUES
Pain maison
Grandes salades
Recettes de famille
Spécial pommes de terre
Pasta
Tartes, tourtes & Cie
Soupes

PRATIQUE
Recettes pour bébé
Cuisiner pour les petits
Cuisine miniprix
Spécial étudiant

SANTÉ
Desserts tout légers
Recettes Detox
Recettes rapides et légères
Recettes pour diabétiques
Recettes anti-cholestérol
Recettes minceur
Recettes bien-être
Recettes végétariennes
Spécial légumes

GOURMANDISES
Les meilleurs desserts
Tout chocolat
Cupcakes, cookies & macaron

MARABOUT SE PRÉOCCUPE DE L'ENVIRONNEMENT

Nous utilisons des papiers composés de fibres naturelles, renouvelables et recyclables.

Les papiers qui composent ce livre sont fabriqués à partir de bois issus de forêts qui adoptent un système d'aménagement durable.

Nous attendons de nos fournisseurs de papier qu'ils s'inscrivent dans une démarche de certification environnementale reconnue.

Traduction : Hélène Nicolas
Mise en pages : les PAOistes
Correction : Clémentine Bougrat
Suivi éditorial : Natacha Kotchetkova

Publié pour la première fois en Australie en 2006 sous le titre *Soup*.

Hachette Livre (Marabout) – 43, quai de Grenelle – 75905 Paris CEDEX 15.

Dépôt légal : mars 2010 – 40.4564.7/02 – ISBN : 978-2-501-05729-5 - Édition 01/Imprimé en Espagne par Gráficas Estella.